じっぴコンパクト文庫

奇妙な県境62の不思議

浅 井 建 爾

実業之日本社

はじめに

私は子供のころから地図を見るのが好きで、暇さえあればいつも地図を眺めていたような気がする。地図を見ているといろいろな地名を覚える。やがて、その地名はどのようなところなのか、何があるのだろうか、それを自分の目で確かめたいという欲望にかられ、若いころ自転車で日本一周の旅行をしたことがある。当時、まだアメリカの占領下にあって自由に旅行することができなかった沖縄県を除く46都道府県すべてを、自分の足で走り回ってきた。そこで、いつも心を躍らせたのが「県境」を越えるときだった。県境の向こう側はどんなところだろう、どんな人が住んでいるのだろう、県境の向こうとこっちとではどこがどう違うのだろうか、などとあれこれ思いをめぐらせた。現在のように情報が発達している時代ではなかったので、ある程度の予備知識は持ってはいたものの、まったく未知の世界だといってもよかった。懸命にペダルを漕いで険しい峠道を登り、心をワクワクさせながら県境を越えたものである。

複雑に曲がりくねっている県境は、誰がどのようにして決めたのか、それが気になっていた。あるとき、地図を見ていて県境を示す点線が途切れているのを発見して「おやっ!」と思った。はじめは印刷ミスなのかとさして気にもとめなかったが、別の地図を見ても同じ個所で点線が途切れていた。私が「県境」に興味を持つようになったのは、これが大きなきっかけになった。県境は、行政区域を分ける単なる境界線に過ぎない、といってしまえばそれまでだが、この境界線をめぐって、各地で凄まじい紛争が繰り広げられてきたことは意外に知られていない。県境が確定するまでには紆余曲折なドラマがあり、1本の線にはさまざまな歴史が秘められているのである。

それともうひとつ、明治時代の県別の人口統計資料を見ていてわが目を疑ったことがある。日本一人口の多い自治体が東京都であることは常識だが、その資料では日本一人口の多い県は意外にも石川県だったのである。まさか、そんなはずはない。初めはミスプリントかと思った。しかし、石川県が日本一というのはまぎれもない事実であった。「なぜ?」「どうして?」疑問はますます深まり、その理由を突き止めずにはいられなくなった。

本書は、2007年に出版してベストセラーになった『知らなかった!驚いた!日本全国「県境」の謎』に少し手を加え、それを文庫化したものである。本書を通じて、県境がいかに重要な線だったのかを再認識していただければ幸いである。

Contents

Ⅱ 県境に秘められた歴史

Ⅲ なぜそこに県境がある？

Ⅳ 日本縦断　県境をめぐる争い

V 県境未定地の謎

I

「廃藩置県」から「四十七都道府県」の成立へ

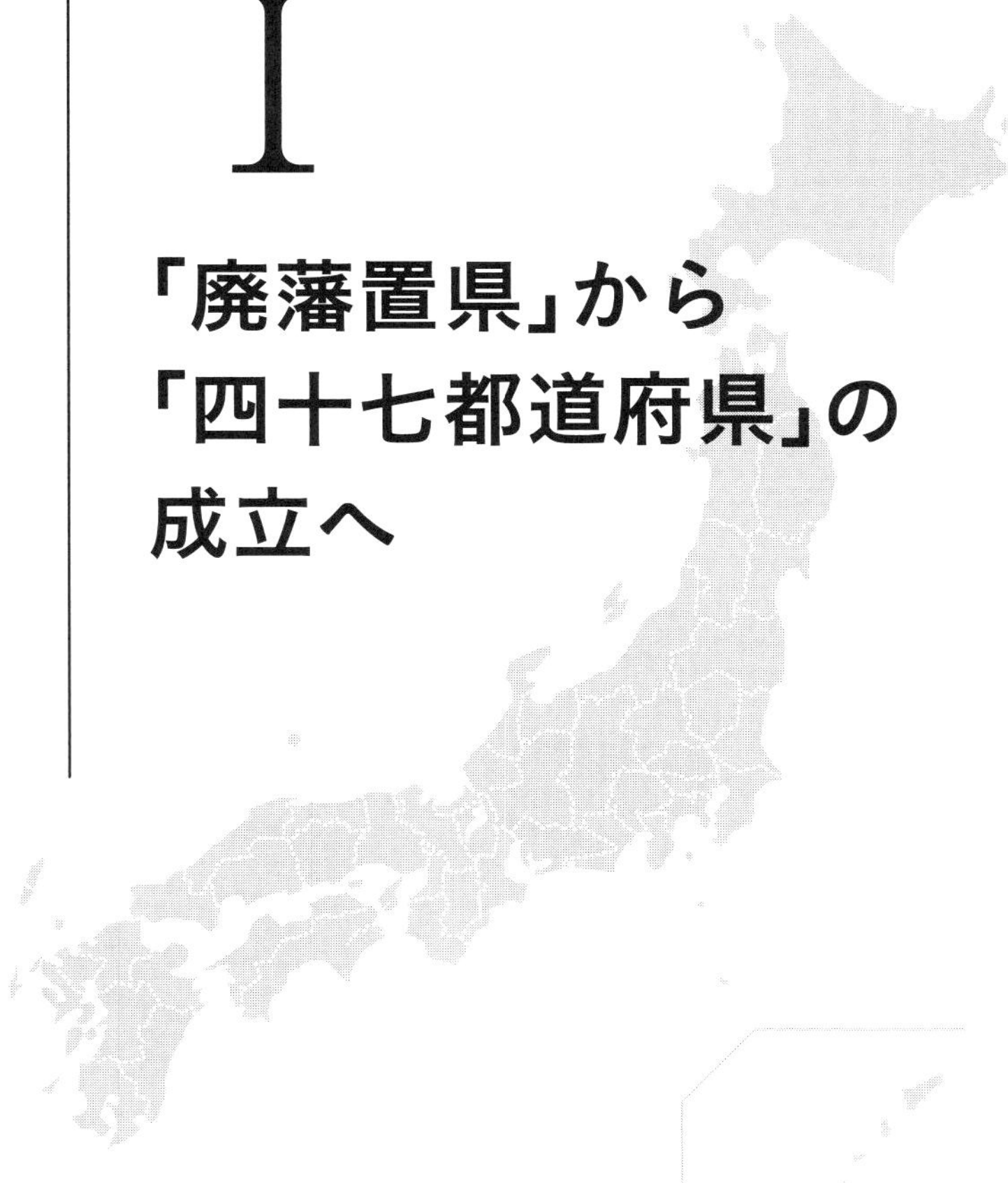

1 明治維新が「県」を生んだ

新政府の樹立で行政区分の再編に動き出す

日本に「県」という行政単位が生まれるきっかけとなったのは、明治維新である。

それ以前の日本では、「五畿七道《ごきしちどう》」という行政区分が用いられていた。これは古代律令制のもと、天武天皇の時代に確立したといわれるもので、東北から九州までの全国を、都に近い畿内（山城《やましろ》、大和《やまと》、河内《かわち》、和泉《いずみ》、摂津《せっつ》の五国からなる）と七道（東山道、東海道、北陸道、山陽道、山陰道、南海道、西海道）に分け、さらにそれを六十六国二島（対馬《つしま》、壱岐《いき》）に区分した。蝦夷《えぞ》地（北海道）や琉球（沖縄）は、朝廷の力の及ぶ範囲ではなかったのである。

江戸時代になると、将軍から各地の大名に与えられた一万石以上の領地、すなわち藩《はん》が全国に割拠しており、五畿七道（六十六国二島）が行政区分だったとはいっても、諸藩が実質的な行政の単位だといってもよかった。

だが、鎖国によって守られてきたこの幕藩体制は、欧米の列強諸国によって大きく揺らぎ始める。十八世紀末から十九世紀初頭にかけて、日本の近海には外国船が頻繁に出没するよ

Ⅰ－1．江戸時代までの行政区分（五畿七道と六十六国二島）

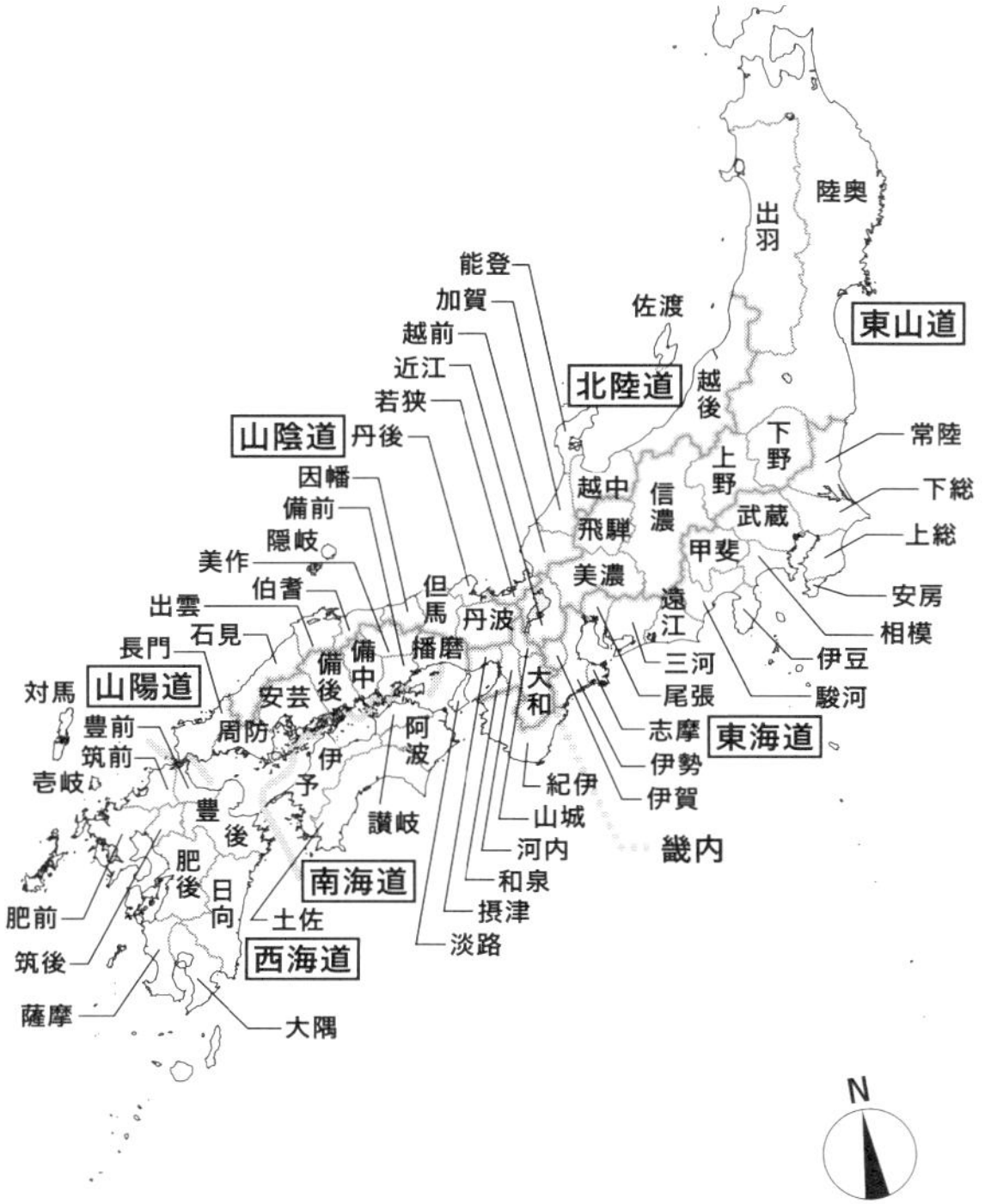

うになった。日本の植民地化を狙い、開国を迫ったのだ。すでにアジア諸国は欧米列強の植民地と化していた。アジア最大の強国であった清国（中国）までもが、アヘン戦争（一八四〇～四二年）でイギリスに敗れたことを知らされると、幕府のそれまでの強硬姿勢もぐらついてきた。そこへ一撃を食らわせたのがペリーの黒船である。

一八五三（嘉永六）年六月、アメリカ東インド艦隊司令官のペリーは、四隻の軍艦を率いて三浦半島の浦賀《うらが》沖に現れた。ペリーはフィルモア大統領の国書を幕府に手渡し、日本に開国を要求した。すっかり弱腰になっていた幕府はやむなく国書を受け取り、翌年に返答することで急場を逃れたものの、翌年一月に再びペリーは七隻の軍艦を率いて江戸湾（東京湾）に現れた。国書の回答を求めたのである。

ペリーは躊躇《ちゅうちょ》する幕府を武力で威圧し、激しく開国を迫った。幕府は黒船の来航に備えて江戸湾に台場（砲台）を築き、徹底抗戦の構えであったが、武力では到底勝ち目がないとみるや、衝突を回避して日米和親条約（神奈川条約）を締結。二百年以上にわたる鎖国時代に終わりを告げた。他の列強各国も幕府の弱腰につけ込んで、日英和親条約、日露和親条約、日蘭和親条約など、不平等な条約を次々に締結した。そして一八五八（安政五）年にはアメリカ、オランダ、ロシア、イギリス、フランスとのあいだで、和親条約よりもさらに日本にとって不利な条約（安政五ヵ国条約）も締結させられた。

このまま幕藩体制が続けば、日本は欧米列強の餌食《えじき》になるという危機意識から、志士らは愛国心に燃え、討幕運動に走った。外国との貿易が本格的に始まると、日本は豊かになるどころか、国内の物価が急騰して人々の生活はより苦しくなった。そのため、各地で打ちこわしや一揆《いっき》が多発。これが討幕運動を勢いづかせ、幕府は崩壊への道を歩んでいくことになった。

そして一八六七（慶応三）年十一月、十五代将軍慶喜《よしのぶ》が政権を朝廷に返上（大政奉還）したことによって、二百六十年あまり続いた徳川幕府は崩壊。薩長両藩討幕派の主導のもと、王政復古の大号令が発せられて新政府が樹立される。

新政府は欧米列強の侵略を阻止するため、富国強兵による中央集権国家の建設に着手し、「藩」から「県」へという行政区分の再編に動き出したのである。

2 「府藩県三治制」で三府四十一県が成立

さらに「廃藩置県」で三府三百二県に

わが国の行政区分の単位である「県」は明治維新によって生まれたが、名高い「廃藩置《はいはんち》県《けん》」によって初めて生まれたわけではなかった。廃藩置県が断行される前から、すでに三府四十一県が存在していたのである。

新政府は天皇を中心とする中央集権国家を早期に建設するためにも、政府が直轄支配できるような行政組織を確立する必要があった。そのためには、経済的にも軍事的にも独立した政治形態を持つ諸藩を、まず解体しなければならなかった。

新政府が樹立した翌年の一八六八（慶応四）年四月、まず地方組織としての「府藩県三治制」の地方統治制度を取り入れた。旧幕府の領地を没収して政府の直轄地とし、そこに三つの「府」と四十一の「県」を置いたのである。しかし、この三府四十一県で国土のすべてをカバーしたわけではなく、全国には依然として多くの藩が割拠し、藩主は絶対的な権限を有していた。しかも、新政府の方針に従わない藩も少なくなかったため、このままでは中央集権国家の構想も絵に描いた餅になりかねず、早急に諸藩を解体する必要に迫られた。

そこで一八六九（明治二）年六月、薩長土肥《さっちょうとひ》四藩の主導で、各藩が版（土地）と籍（領民）を朝廷に返上する「版籍奉還《はんせきほうかん》」が行われる。藩主は知藩事《ちはんじ》に任命され、これまでの独立した領主から、新政府の地方官となって藩を治めることになった。だが、租税や軍事など藩主の特権はほぼ従来どおり認められていたため、中央集権体制は一向に進展しない。それを打開するための手段として打ち出されたのが、全国の藩を廃し、府県を置くという「廃藩置県」だった。これによって藩の体質を根底から解体しようというのである。しかし、廃藩置県を行うには諸藩の強い抵抗が予想されたため、奇襲作戦に出るしかなかった。廃藩置県が廃藩クーデターともいわれるゆえんである。

一八七一（明治四）年七月、天皇は在京の五十六知藩事を皇居の大広間に集めて、廃藩置県の詔《みことのり》を申し渡し、在藩の知藩事には上京を命じた。万が一に備え、薩長肥三藩から約一万人の親兵を護衛用に配備、武力を背景に廃藩置県は断行されたのである。そのため諸藩の抵抗はほとんどなかった。諸藩の財政が困窮していたことも、廃藩置県がスムーズに行われた理由でもある。廃藩置県によりすべての藩が消滅した。二百六十一の藩は県となり、先に置かれた三府四十一県とを合わせて、日本の行政区分は三府三百二県になったのである。

＊「府藩県三治制」によって成立した府県（三府四十一県）

府…東京、京都、大阪

県…（東北）胆沢《いさわ》、江刺《えさし》、盛岡、山形、福島、白河、若松、登米《とよま》、角田《かくだ》

（関東）品川、小菅《こすげ》、神奈川、韮山《にらやま》、浦和、岩鼻《いわはな》、日光、若森《わかもり》、葛飾《かつしか》、宮谷《みやざく》

（中部）新潟、柏崎、佐渡、本保《ほんぽ》、甲府、高山、伊那、長野、笠松

（近畿）度会《わたらい》、兵庫、生野《いくの》、久美浜《くみはま》、大津、堺、五条、奈良

（中国）浜田、倉敷

（四国）丸亀

（九州）日田《ひた》、長崎

＊「廃藩置県」で誕生した県（二百六十一県）

（北海道）館《たて》

（東北）弘前、七戸、八戸、黒石、斗南《となみ》、一関、米沢、新庄、上山《かみのやま》、天童、大泉、松嶺《まつみね》、秋田、岩崎、本荘、矢島、亀田、二本松、磐城平《いわきだいら》、湯長谷《ゆながや》、泉、三春、棚倉《たなぐら》、中村、仙台

（関東）六浦《むつうら》、小田原、荻野山中《おぎのやまなか》、忍《おし》、岩槻、前橋、高崎、沼田、安中、伊勢崎、

小幡《おばた》、七日市、川越、壬生《みぶ》、佐野、足利、吹上、館林、茂木《もてぎ》、宇都宮、烏山、黒羽《くろばね》、大田原、宍戸、水戸、笠間、下館、下妻、松岡、竜崎《りゅうがさき》、松川、土浦、石岡、志筑《しづく》、牛久、麻生、多古《たこ》、小見川《おみがわ》、高岡、曽我野、佐倉、関宿《せきやど》、生実《おゆみ》、古河、結城《ゆうき》、鶴舞、松尾、小久保、桜井、菊間、長尾、花房、鶴牧《つるまき》、大多喜《おおたき》、久留里《くるり》、佐貫、一ノ宮、館山、加知山、飯野

（中部）

椎谷、高田、清崎《きよさき》、与板《よいた》、新発田《しばた》、黒川、三日市、村松、峯岡、村上、富山、金沢、大聖寺《だいしょうじ》、鯖江、小浜、勝山、福井、丸岡、大野、松本、飯田、高遠、高島、松代、須坂、飯山、岩村田《いわむらだ》、小諸、上田、野村、今尾、大垣、高富、郡上《ぐじょう》、岩村、苗木《なえぎ》、加納、静岡、堀江、重原《しげはら》、半原《はんばら》、豊橋、岡崎、西大平、刈谷、西端《にしばた》、西尾、挙母《ころも》、田原、名古屋、犬山

（近畿）

久居《ひさい》、鳥羽、桑名、津、亀山、長島、菰野《こもの》、神戸《かんべ》、和歌山、田辺、新宮、尼崎、三田《さんだ》、篠山《ささやま》、福知山、柏原《かいばら》、宮津、舞鶴、峯山、出石《いずし》、豊岡、村岡、姫路、明石、龍野、林田、赤穂、山崎、安志《あんじ》、三日月《みかづき》、三草《みくさ》、小野、膳所《ぜぜ》、水口《みなくち》、西大路、山上、彦根、宮川、朝日山、高槻、麻田、伯太《はかた》、岸和田、丹南、吉見、郡山、小泉、柳生《やぎゅう》、田原本《たわらもと》、高取、柳本、芝村、櫛羅《くじら》、淀《よど》、亀岡、綾部、山家《やまが》、園部

（中国）山口、岩国、清末《きよすえ》、豊浦、松江、広瀬、母里《もり》、鳥取、津山、鶴田、真島、岡山、鴨方、岡田、足守《あしもり》、庭瀬、新見、浅尾、生坂、高梁《たかはし》、成羽《なりわ》、福山、広島

（四国）高知、徳島、高松、吉田、大洲、新谷《にいや》、宇和島、松山、今治、小松、西条

（九州）杵築《きつき》、日出《ひじ》、府内《ふない》、岡、森、臼杵《うすき》、佐伯《さいき》、中津、豊津、千束《ちづか》、福岡、秋月、柳川、久留米、三池、厳原《いづはら》、佐賀、唐津、小城、蓮池、鹿島、熊本、人吉、島原、平戸、福江、大村、高鍋、延岡、佐土原、飫肥《おび》、鹿児島

3 廃藩置県のあとに誕生した藩がある?!

七年足らずで消滅した幻の藩

一八七一(明治四)年の廃藩置県で、全国に割拠していたすべての藩が消滅した。これで再び藩が置かれることはないと思われたが、意外にも翌年、新たにひとつの藩が生まれた。琉球藩《りゅうきゅう》である。

十五世紀のはじめに誕生した琉球王国は、東南アジアや中国(清国)、朝鮮、日本を交易圏とする中継貿易の基地として繁栄を極めていた。しかし十六世紀の中頃になると、南蛮船やヨーロッパからの船舶も来航するようになったため、その地位は次第に低下。だが、東シナ海域における地理的優位性には捨てがたいものがあった。

一六〇九(慶長十四)年、かねてから琉球の支配を目論んでいた薩摩藩の島津家久《しまづいえひさ》は、幕府の許可を取り付けて琉球に侵攻。戦争経験の乏しい琉球はあっけなく征服され、以来、長きにわたって薩摩藩に従属することになった。しかし、薩摩藩は琉球を完全な領土とはせず、間接的な支配にとどめた。貿易による利益を搾取《さくしゅ》したほうが得策だと考えたからである。こうして、かねて清国とも密接な関係にあった琉球は、日清両国によって支配されることになったのである。しかし十九世紀になると欧米列強も、琉球の植民地化を狙って頻繁に来航するようになり、早急に日本の領土に組み込んでおかなければ、欧米列強に横取りされかねない状況になりつつあった。

新政府は琉球の領土化を実現するため、一八七一年に宮古島の島民が台湾の原住民に殺害された事件を楯にして、清国に琉球を日本の領土であることを認めさせようと迫った。だが清国はそれに強く反発し、日清両国は激しく対立した。そのまま膠着状態が続いたため、日本は一八七二（明治五）年九月、琉球王の尚泰《しょうたい》を藩主とする琉球藩を設置するという強硬手段に出た。琉球を鹿児島（薩摩）支配から切り離して政府の直轄地とし、日本の領土であることを宣言したのである。さらに一八七五（明治八）年、清国から帰国した大久保利通内務卿は琉球藩の高官を集めて琉球処分を命じた。琉球政府はそれを拒否し続けたため、一八七九（明治十二）年、処分官の松田道之は軍隊と警察官の武力で琉球処分を強行。琉球藩を廃して沖縄県を設置、国王尚泰《しょうたい》を首里城から追放した。これによって、琉球王国は滅亡したのである。しかし、清国がそれを受け入れるはずはなく、琉球の帰属をめぐって両国の対立は続いたが、一八九四（明治二十七）年に勃発した日清戦争で日本が勝利したことにより、正式に琉球諸島全域の日本帰属が確定したのである。

4 三府三百二県が三府七十二県に

わずか半年で県の数が四分の一に激減したわけ

廃藩置県によってすべての藩が廃され、新しい行政組織が確立された。とはいえ、藩が県に名を改めただけというのが実態で、封建的な体質が根本から改められたわけではなかった。行政区域には変化がなく、他県の飛び地がいたるところに存在していた。そればかりではない。各県ごとの人口や面積、財政規模などには著しい格差があった。そのアンバランスをまず是正しなければならなかった。それに、三府三百二県という自治体数はあまりに多過ぎる。江戸時代までの行政区分であった旧国（六十六国二島）の四倍以上の数である。

そこで、一八七一（明治四）年十一月に大規模な統廃合が行われた。ひと口に統廃合とはいっても、その作業は並大抵のことではなかった。政府は紆余曲折《うよきょくせつ》を繰り返しながら、廃藩置県で成立した三府三百二県の再編作業を急ピッチで進めた。県境を決める際に重要視されたのが、旧国の境界である。旧国は千年以上も続いたわが国の行政区分だ。長年培われてきた慣習や風俗、文化などには共通性があり、地域的なつながりも強い。それを無視することは得策ではない。だが、やむをえず旧国を分割したり、統合せざるを得ないところもでてきた。それがのちのちの地域紛争の火種となり、中央集権体制を確立する上で大きな障害になったことは否めなかった。

ともあれ、三府三百二県は三府七十二県に統合された。わずか四カ月で四分の一の自治体数になるという激減ぶりである。これでやっと近代国家の基盤が固められたといえる。三府七十二県の内訳をみると、現在も存続している府県が三十二ある。しかし、その境界線は現在のものとは大きく異なっていた。たとえば、東京府は現在の東京二十三区の半分にも満たなかったし、新潟県も現在の県の北部地域を占めるに過ぎなかった。一方では、秋田、山梨、奈良、広島、高知などのように、現在とほとんど領域が変わっていない県もある。また、県名を聞いただけでは、それが現在の何県なのかピンと来ないところも少なくない。置賜《おきたま》、磐前《いわがさき》、新川《にいかわ》、安濃津《あのつ》、足羽《あすわ》、深津《ふかつ》、三潴《みずま》などの県名は、地元の人でなければなかなか分からないのではないだろうか。

＊現在も存在する府県名…青森、秋田、山形、福島、茨城、栃木、群馬、埼玉、東京、神奈川、新潟、長野、山梨、静岡、岐阜、京都、奈良、大阪、和歌山、兵庫、鳥取、島根、岡山、広島、山口、香川、高知、

福岡、長崎、大分、熊本、鹿児島

＊現存しない府県名……盛岡、水沢、仙台、酒田、置賜《おきたま》、磐前《いわがさき》、若松、宇都宮、新治《にいはる》、入間、印旛、木更津、足柄、相川、柏崎、筑摩、新川《にいかわ》、七尾、金沢、足羽《あすわ》、敦賀、浜松、額田《ぬかた》、名古屋、安濃津《あのつ》、度会《わたらい》、長浜、大津、堺、豊岡、飾磨《しかま》、北条、深津、浜田、名東《みょうどう》、松山、宇和島、小倉、三潴《みずま》、伊万里、八代《やつしろ》、美々津《みみつ》、都城

Ⅰ－4．廃藩置県後の三府七十二県

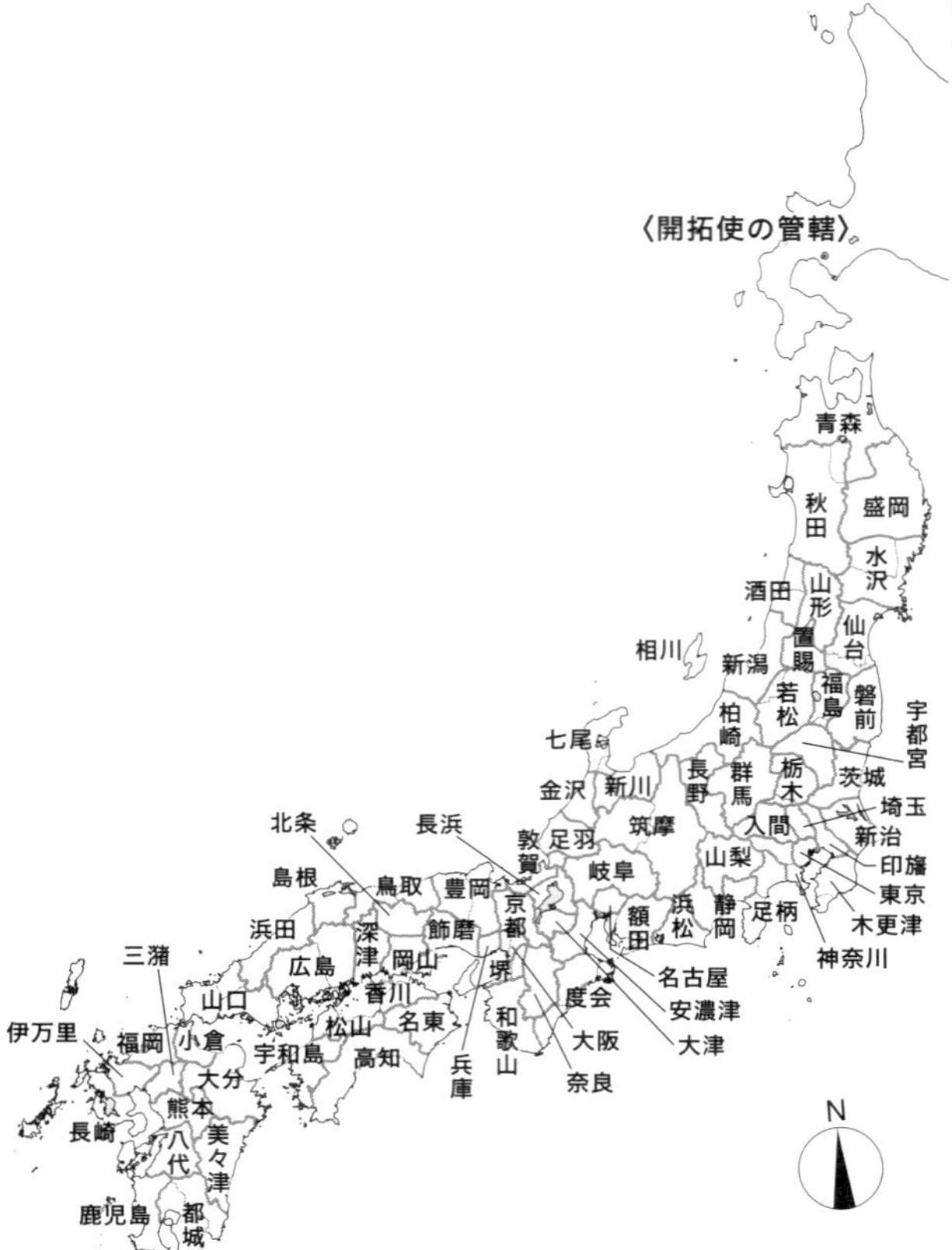

5 繰り返された政府の強引な統廃合

四十七都道府県が成立したのは戦後になってから

一八七一年十一月に成立した三府七十二県は、旧国の数とほぼ同じである。旧国をそのまま府県に置き換えたわけではないが、旧国の国境を基に県境が定められたことは間違いない。しかし、これで行政区分の再編作業が完了したわけではなかった。より強固な中央集権国家を実現させるには、各府県の財政力を均一化させ、各自治体の体質を強化させることが必要だと判断した政府は、さらなる統廃合を推し進めた。それが、一八七六（明治九）年に全国的な規模で実施した府県の統廃合である。これにより、三府七十二県は約半分の三府三十五県にまで激減した。財政基盤の弱い県を隣県に併合させたのである。

行政区域を決めるにあたっては、面積よりも人口や財政規模を重要視した。当然のことながら、人口の多い地域は面積が狭く、人口の希薄な地域は面積が広くなる。武蔵国のようにひとつの旧国がいくつもの府県に分割されたところもあったが、多くは複数の旧国がひとつの県に統合された。

Ⅰ－5．三府三十五県の行政区分

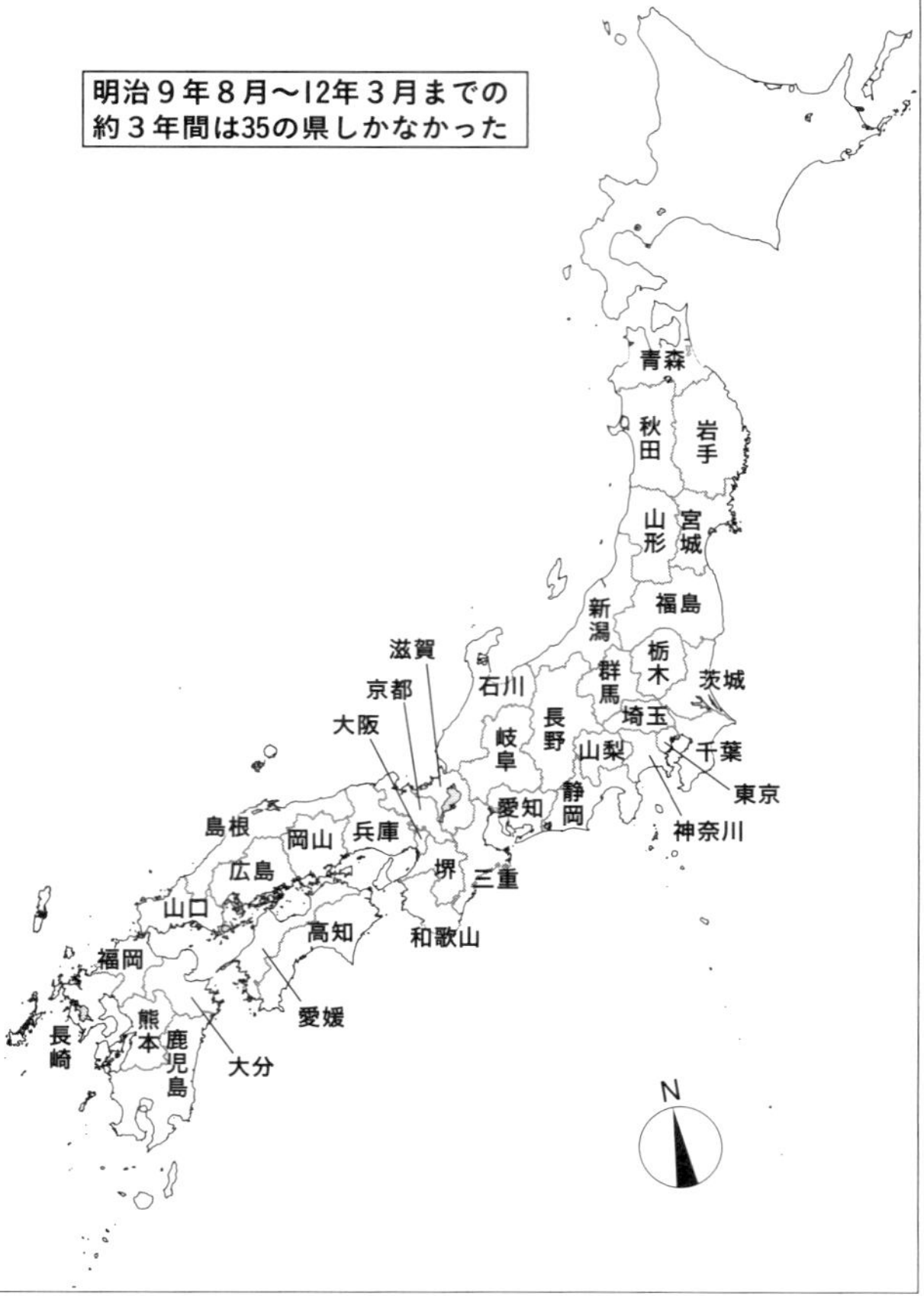

しかし、住民の地域感情を無視した政府の強引ともいえる再編に不満が噴出。各地で紛争が発生し、政治を混乱させた。併合された県には県庁の支所を置くなどの処置をとったが、併合された県の住民たちは、財政的にも行政事務手続きの面でも不利益を被ることが多かったため、住民の反発を買ったのである。紛争をこのまま放置しておけば、中央集権体制が崩壊しかねない。さすがに政府もやり過ぎたと思ったのか、各地域の状況に応じて分県を認める方針に転じた。これによって、いったん姿を消した富山、福井、鳥取などの各県が次々と分離独立を果たした。一八八八（明治二十一）年に香川県が四十三番目の県として誕生し、いちおう改編作業は完了した。

しかし、これで現在の行政区分の一都一道二府四十三県になったわけではない。東京都はまだ東京府であったし、北海道も府県と同等には扱われていなかった。東京が都制を敷いたのは、第二次世界大戦中の一九四三（昭和十八）年、そして北海道が府県と同格の自治権を有する自治体になったのは、戦後の一九四七（昭和二十二）年に地方自治法が施行されてからのことであった。いっぽう、沖縄県が日本の敗戦でアメリカの統治下に置かれてしまったため、長いあいだ四十二の県しかなかった。現在の行政区分になったのは、沖縄が日本に返還された一九七二（昭和四十七）年のことである。現在は道州制の導入も検討されているから、四十七都道府県の行政区分も、近い将来には消滅してしまうかもしれない。

6 なぜ県名に旧国名がない？

県名は郡名と都市名に由来する

前項でも述べたように、県境は地域的なまとまりや住民感情などを考慮し、旧国の国境をそのまま使うことが多かった。では県名は、何を根拠にして決めたのだろうか。ただひとつとして旧国名を県名としているところはない。それはなぜなのか。おそらく、明治新政府は過去の遺物を払拭し、新たな気持ちで近代国家の建設に取り組みたかったのだろう。そのため、意識的に旧国名の使用を避けたのだと思われる。

県名は基本的には県庁が置かれた都市名、あるいはその都市が所属する郡名が採用された。県庁所在地名と県名が一致していないところは、ほとんどが県庁所在地の所属する郡名を県名に採用している。ただし、いくつかの例外もあった。たとえば神奈川県と兵庫県は、県名と県庁所在地名が一致していないが、県庁所在地の横浜と神戸が所属する郡名からとったわけではない。県名は都市名に由来しているのだ。神奈川県の県庁所在地の横浜市は、江戸末期に港町神奈川の外れにある横浜村という小さな漁村が、開港場に指定されてから急速に発展した都市である。兵庫県の県庁所在地の神戸市も、港町兵庫の外れにある神戸村に開港場が設置されてから発展した。両都市のルーツは神奈川であり、兵庫であった。横浜に神奈川区、神戸に兵庫区があるのはそのためである。

四国の愛媛県も例外のひとつといえよう。愛媛県は伊予一国からなっており、古事記の「伊予国を愛比売（えひめ）とする」という記述から、それを県名に採用したのだという。北海道は明治のはじめ、蝦夷地が日本の領土であることを明確にするために改称したものだ。沖縄県は県庁の置かれた都市が属する郡名によるものではなく、かといって都市名に由来するものでもない。

県名と異なる県庁所在地は例外があるものの、ほとんどが旧城下町である。戊辰《ぼしん》戦争などで官軍側（新政府軍）についた藩は城下町の地名をそのまま県名とさせたが、旧幕府軍側についた藩には、たとえ大きな都市でも城下町名を名乗らせなかったというのが理由だと伝えられている。だが、それは俗説に過ぎないともいわれており、本当のところはよく分からない。大きな都市には旧城下町が多く、県庁に代用できる建築物も多くあった。したがって旧城下町に県庁を置けば新たな投資を最小限に抑えられ、財政の乏しい明治新政府には好都合だった。県庁所在地に旧城下町が多いのはそのためである。

7 奈良県が地図から消えた

堺県と大阪府に併合された奈良県

奈良県は古代から栄えた地で、飛鳥京、藤原京、平城京などはいずれも奈良盆地に営まれた古代の帝都である。その奈良県があるとき地図上から忽然《こつぜん》と姿を消した。隣県に併合されてしまったのである。奈良県が再び分離独立するまで、住民たちは長い苦難の道を歩まなければならなかった。なぜこれほど歴史のある地が、他県に併合されるという苦汁を舐めなければならなかったのか。

奈良県が誕生したのは、廃藩置県が断行される三年前の一八六八（慶応四）年五月のこと。同当時の奈良県は旗本領や寺社領だけで、飛び地の集合体だといってもよい様相であった。同年の七月に奈良府と改称されたが、翌年の七月には再び奈良県に戻されている。その後の廃藩置県では、旧大和国内に十五の県が乱立した。大和国の全域を管轄する奈良県が誕生したのは、一八七一（明治四）年十一月のことである。ところが五年後の一八七六（明治九）年四月、奈良県は隣の堺県に併合されてしまった。奈良県一県では財政基盤が脆弱《ぜいじゃく》だというのがその理由である。

奈良県を併合した堺県は、河内《かわち》、和泉、大和の三国を管轄する大県になった。だが、奈良県の廃止により、行政事務の多くが堺に移ってしまったため、奈良の町は灯が消えたように寂れてしまった。奈良に堺県の出張所が置かれたとはいえ、堺まで出向かなければならない事務手続きは多く、大和の住民たちは不便を強いられた。堺とのあいだには生駒《いこま》、金剛の険しい山脈が横たわっており、交通も未発達であったため、泊りがけでなければ用が足せないというありさまである。それには多額な費用がかかるため、人々の生活を圧迫した。

そこで堺県では、大和の住民の不満を少しでも和らげようと、誉田村《こんだ》（現・羽曳野市《はびきの》）への県庁移転計画を太政大臣に請願したが、あえなく却下された。堺県からの分県案も浮上したが実現には至らず、そうこうしているうちに一八八一（明治十四）年二月には、堺県自体が大阪府に併合されてしまった。悪化している大阪府の財政を救済することが合併の狙いである。大和の住民はますます不便を強いられることになり、不満は募るばかりであった。やがて分県運動へと発展し、住民の代表たちが再三上京して奈良県再設置の必要性を訴えた。しかし、請願は一向に受け入れられず、むなしく月日は流れた。

大阪府からの独立が認められたのは、堺県に併合されてから十一年後の一八八七（明治二十）年のことである。福井県や鳥取県、佐賀県などが早々と分県を果たしているのに、な

I－7．堺県に併合された奈良県

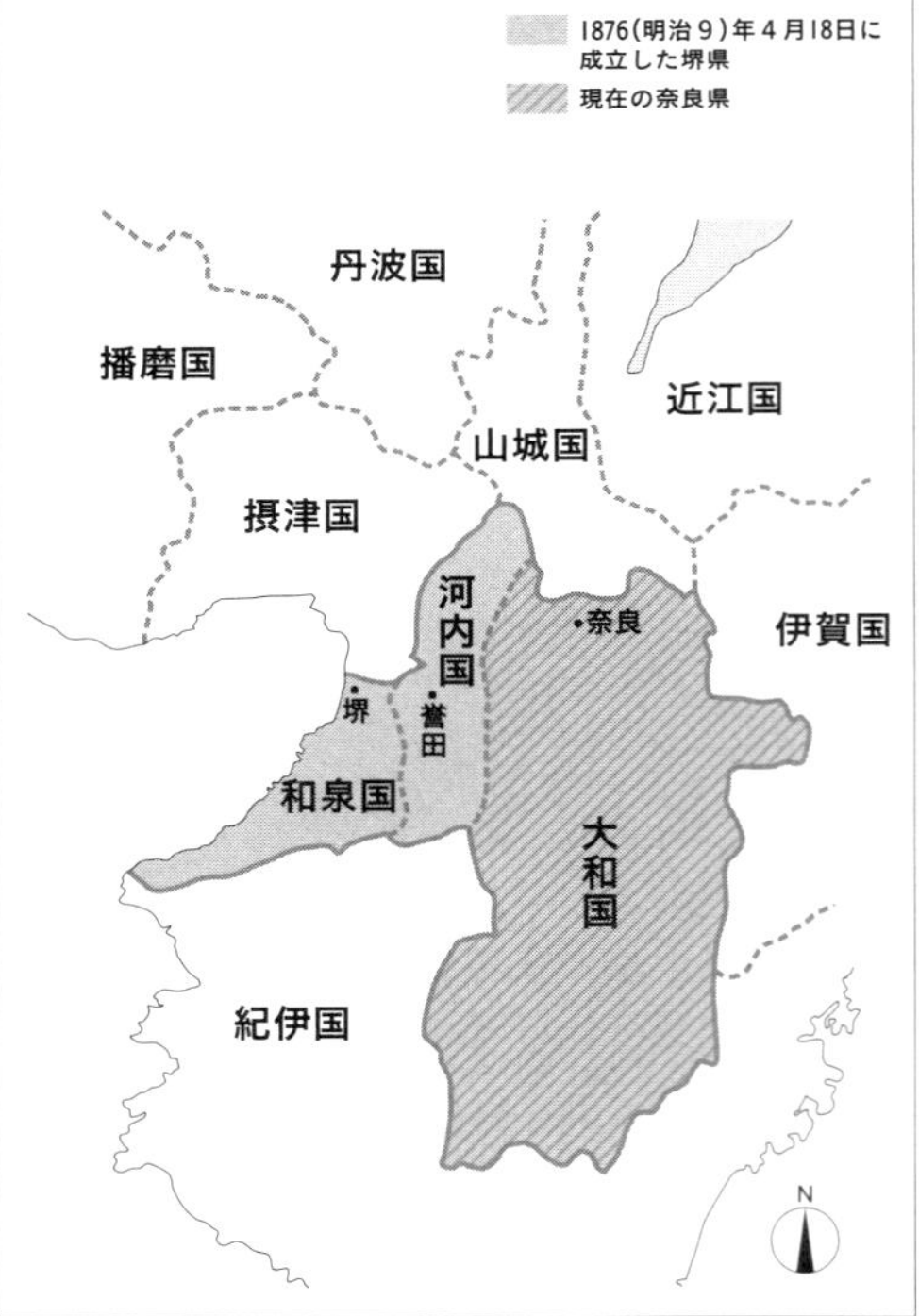

ぜ奈良県がこれほどまでに苦労させられたのか。大和には地元出身の有力な政治家がいなかったというのも理由のひとつだが、幕末に朝廷側につくか幕府側につくか、曖昧な態度をとったことも原因しているのではないかといわれている。

8 四国には愛媛と高知の二県しかない時代があった

目まぐるしく変わった四国四県の境界

四国は讃岐、阿波、伊予、土佐の四ヵ国から構成されていることが地名の由来になっているが、いまもその境界は変わらず、旧国の領域に香川、徳島、愛媛、高知の四県が置かれている。しかし、現在の四県に落ち着くまでには、波瀾万丈《はらんばんじょう》な統廃合が行われてきた。そのなかでも香川県は、合併、分離を二度繰り返してきた極めて珍しい県である。

廃藩置県後の一八七一（明治四）年十一月、高松県と丸亀県、それに倉敷県の一部を加えて香川県が誕生。だが、翌々年の二月には名東《みょうどう》県（現在の徳島県）に併合されてしまった。わずか一年三ヵ月あまりという短い命であった。この合併は、新政府が廃藩置県後に全国規模で行った府県の統廃合政策に基づくもので、香川県の併合はその先駆けとなるものである。名東県の県庁は徳島に、高松には支所が置かれた。

しかし、合併した当初から讃岐と阿波はそりが合わず、ことあるごとに衝突。県会でも阿波側議員の提案に讃岐側の議員はことごとく反対し、讃岐側の意見に阿波側はまったく耳を貸そうともしないという状況では、健全な県政が望めるはずもない。政府も讃岐と阿波が犬猿の仲であるため県政が混迷を続けているという実情を察し、香川県の分立を求める請願書をあっさりと受諾。一八七五（明治八）年九月、讃岐は名東県から独立して、再び香川県が誕生した。

ところが、今度は新任の県令（県知事）と県人官吏との意見が合わず、挙句の果てに、県人官吏が一斉に辞職するという事態にまで発展してしまった。県会は大混乱に陥り、住民の治安さえも保てないというありさまである。これを聞きつけた政府は、秘密官吏を名東県に送り込んで内情を視察。その結果、県令属官はすべて罷免された。だが、その代償として香川県は一八七六（明治九）年八月、今度は愛媛県に併合されることになった。喧嘩両成敗である。苦労して手に入れた香川県の独立を、一年足らずで棒に振ってしまったわけだ。

愛媛県に併合された旧香川県の住民たちは、月日が経つにつれて数々の不合理と不公平な行政に不満を募らせるようになり、やがて分県運動を再燃させた。讃岐と伊予では風土、慣習、人情などが異なる。県庁が讃岐から遠く、住民が不便を強いられている。公共事業などの予算が伊予に厚く讃岐に薄い。租税の負担と配分が不公平。県庁がないため経済発展が遅れている――これらの理由から分県を訴えたのである。

しかし、分県運動は結束力に欠けた。分県反対派の勢力も強く、慎重派もいれば阿波との再合併を望む者、さらには四国一県制を唱えるグループまでもいた。そのため分県はなかなか実現できず、山県有朋内務大臣に「讃岐は面積が狭小でも財政能力は備わっており、阿波と合併せずとも単独で県を設置できる」と認めさせるまでには長い年月を要した。香川県の分離独立が実現したのは一八八八（明治二十一）年十二月、愛媛県に併合されてから十二年ぶりのことである。全国で最後に誕生した県であった。

ちなみに四国で他県に併合させられたのは、香川県だけではなかった。一八七六（明治九）年八月、讃岐が愛媛県に併合されたと同時に、讃岐を分離した名東県も高知県に併合されてしまったのである。名東県単独では財政基盤が脆弱だという理由であった。だが、四年後の一八八〇（明治十三）年三月には高知県から晴れて独立を果たし、徳島県として発足した。つまり、一八七六年八月から一八八〇年三月までの三年半あまりのあいだ、四国には愛媛と高知の二県しか存在していなかったのである。

Ⅰ－８．四国四県の行政区分の変遷

１．江戸時代までの行政区分

２．1871（明治４）年11月15日
〔３府72県時代〕

３．1873（明治６）年２月20日

４．1876（明治９）年８月21日
〔３府35県時代〕

５．1880（明治13）年３月２日

６．1888（明治21）年12月３日

9 石川県は人口日本一の大県だった

併合され、分離独立した福井県と富山県

現在の日本の人口は、関東から北九州にかけての太平洋ベルト地帯に集中しており、日本海側はどちらかといえば人口の希薄な地域である。ところが、かつて日本一人口の多い県が北陸地方にあった。石川県である。当時の石川県は越中（富山）と越前（福井）も管轄し、一八八〇（明治十三）年の人口は百八十三万四千人で、東京や大阪よりはるかに人口の多い日本一の大県だったのである。ちなみに、東京府の人口は九十五万七千人、大阪府は五十八万三千人に過ぎなかった。もっとも、各府県の管轄区域が現在と当時とで著しく異なっていたことも影響しているが、それにしても石川県が日本一、人口の多い県だというのは意外だろう。

明治新政府はより磐石な中央集権体制を確立するため、廃藩置県後も全国規模で府県の統廃合を行った。そして一八七六（明治九）年四月に富山（新川）県を、同年八月には福井（敦賀）県を、石川県に併合させた。これにより、石川県は加賀、能登に加え、越前と越中も管

轄する広大な県になった。面積は一万一五一八平方キロで、秋田県とほぼ同じ広さである。

しかし、各地域によって風土や人情、習慣などが異なっているため、ことあるごとに対立し、石川県政を混乱させた。まず越前が、石川県からの分県運動で全県的な盛り上がりをみせ、石川県令も県政の混迷を回避するため、越前の独立を容認する方向で動き始めた。石川県から嶺北（越前）を切り離し、滋賀県から嶺南（若狭三郡および敦賀郡）を譲り受けて、両地域をひとつにした福井県を設置させるという建白書を松方正義内務卿に提出したのである。越前と若狭との合併を望んだのは、越前の単独では財政的にみてひとつの県として認められない可能性が高かったからである。

石川県令が提出した建白書は受諾され、一八八一（明治十四）年二月、越前と若狭を領域とする福井県が誕生した。越前の住民たちは諸手を上げて喜んだが、滋賀県側はこれに猛反対した。若狭は越前よりも、近畿地方との結びつきのほうがはるかに強いからである。また、若狭が削り取られたことによって滋賀県の規模が縮小し、京都へ併合される恐れもでてきた。しかし、若狭の滋賀県への復帰は実らなかった。

旧富山県側でも、福井県と共通する問題を抱えていた。税負担とその配分をめぐる不公平さから、住民たちに不満がくすぶり続け、やがて分県運動へと発展した。県会では加賀・能登の議員と、越中の議員とのあいだで土木費などの使途をめぐって激しく対立し、県会は空転を続けた。健全な地方行政を取り戻すためには、もはや富山県の分立は避けられない事態に陥っていた。一八八三（明治十六）年五月、分県運動は実り、晴れて石川県からの独立を果たした。これによって石川県は福井、富山の両翼をもぎ取られる形となり、県域が南北に細長い小県になってしまったのである。

Ⅰ－９．北陸三県の行政区分の変遷

１．1876(明治９)年４月18日

２．1876(明治９)年８月21日
〔３府35県時代〕

３．1881(明治14)年２月７日

４．1883(明治16)年５月９日

10 佐賀県が併合されたのは「佐賀の乱」が原因だった？

佐賀県→三潴《みずま》県→長崎県→そして再び佐賀県へ

佐賀県は設置当初から、鹿児島県と並んで難治県とされ、政府から徹底的にマークされていた。いつ旧士族たちが反乱を起こすか、油断もスキもならなかったのである。そこで、不平士族たちの不穏な動きを封じ込める意味もあって、一八七六（明治九）年四月、佐賀県を三潴県（旧久留米、柳川、三池の三県）に併合させた。これに反発した士族たちの代表は上京して合併の撤回を迫ったが、要求が受け入れられるはずもない。それどころか、三潴県と一緒にやっていくことができないというのなら長崎県と合併せよといわんばかりに、同年の八月、今度は三潴県から切り離して長崎県に併合させてしまったのである。

一八七六年に全国的な規模で行われた府県の統廃合は、財政規模の適正化を図ることによって、健全な地方制度を確立しようという狙いがあった。ひいては、それが中央集権体制の強化にもつながる。しかし、佐賀県の場合は少し事情が違っていた。佐賀藩は三十五万七千石の大藩だったから、特に合併を急ぐ必要はなかったはずだ。本当の目的は、難治県の佐賀県を、隣接する県に併合させることによって、旧士族と県庁との関わりを断ち切り、県の統制力を強めようとしたのである。それは、二年前に発生した佐賀の乱（佐賀戦争）が大きく原因している。

佐賀戦争は不平士族の反乱、武力蜂起である。征韓党、憂国党の旧藩士軍が県庁へ乱入し、県庁は戦場と化した。序盤では旧藩士軍が優勢であったが、やがて兵力に勝る政府軍に鎮圧された。旧藩士軍の処刑者は江藤新平、島義勇ら四百人以上にも及び、多くの藩士たちが懲役、禁固刑に処された。政府の冷酷ともいえる厳しい処罰に、住民たちは震え上がった。そのため、住民たちには併合による不満が鬱積《うっせき》していたものの、政府に睨まれることを恐れて、他県で見られたような激しい分県運動は展開されなかった。

だが、一八八二（明治十五）年頃になると、分県運動が次第に盛り上がり、政府も佐賀の住民たちの困窮状況に理解を示し始めた。そして翌八三年五月、長崎県からの分離独立を認めた。佐賀戦争は過去の一出来事として捉えられ、反政府反乱分子は溶解していると政府は認識したのである。しかし、佐賀県は独立を果たしたとはいえ、財政基盤の弱い小県であったため、前途多難な船出となった。

Ⅰ－10．佐賀県境の変遷

1．1872(明治5)年5月29日

2．1876(明治9)年4月18日

3．1876(明治9)年8月21日
〔3府35県時代〕

4．1883(明治16)年5月9日

11

西南戦争を阻止するために、宮崎県を鹿児島県に併合

鹿児島県は岩手県よりも大きな県だった

一八七三（明治六）年一月、美々津《みみつ》県と都城《みやこのじょう》県が合併して、宮崎県が誕生した。健全な県政を運営していくためには、県庁は県の中央に設置するのが望ましい。しかし、美々津と都城のいずれに県庁を置いても、県の一方に偏りすぎてしまうため、その中間に位置する当時は寒村に過ぎなかった宮崎郡北方村に県庁が移された。県名は北方村が所属する郡名から採ったものである。藩政時代から小藩が分立し、廃藩置県後も多くの県に分かれていた日向《ひゅうが》国が、初めてひとつにまとまったのである。ところがそれも束の間、一八七六（明治九）年八月、宮崎県は鹿児島県に併合されてしまった。この合併は鹿児島県側の政治的な事情によるものであったから、宮崎県はとんだトバッチリを食ったわけである。

鹿児島県では反政府の士族集団がうごめき、独立国になろうとする様相さえもみせていたため、政府は鹿児島県には特に目を光らせていた。反政府集団の勢力を分断させることが両県の合併の目的だったのである。だが、宮崎県が鹿児島県に併合されても、宮崎県民の反応

はきわめて冷静で、また境界に変更があったのか、という程度の受け止め方でしかなかった。宮崎県が発足して間もなかったし、宮崎県の中級以上の官吏の九〇パーセント以上が旧鹿児島藩の士族出身者で占められていたことも影響していたものと思われる。

ところが、宮崎県が鹿児島県に併合された翌年の一八七七（明治十）年二月、西南戦争（西南の役）が勃発した。新政府の改革に不満を持つ鹿児島県の士族らが、西郷隆盛を擁立して蜂起した反乱である。反政府軍による熊本鎮台の攻撃に始まり、各地で激戦が繰り広げられたが、政府軍の城山総攻撃で反政府軍は壊滅。西郷隆盛ら指導者は自刃《じじん》し、七ヵ月あまり続いた戦争は終結した。

宮崎県の鹿児島県への併合も、結果的には士族たちの反乱を阻止できなかった。それどころか、宮崎県は西南戦争に巻き込まれて戦場と化し、土地は荒れ果てた。住民たちの不満、怒りが爆発し、やがて分県運動へと発展していくことになった。当時の鹿児島県は、現在日本一大きい岩手県の面積よりも広かった。そのため、宮崎県の北部からだと、県庁のある鹿児島まで往路だけでも三日以上も要した。もっぱら歩く時代だったから、その不便さはいかんともし難い。しかも、鹿児島中心の行政が行われていたため、宮崎県側の道路は未発達で、経済も著しく遅れていた。

しかし、鹿児島県令が分県阻止の構えを崩さなかったため、容易に分県は実現しなかった。

だが、紛争が続く鹿児島県を視察に来た参事院議官は、宮崎県が他県に比べて大きく立ち遅れている実情を目の当たりにして、分県に積極的な姿勢を示した。いまのままより、日向を独立させてテコ入れしたほうが発展の可能性がある。それが国家全体の利益につながることでもあるとして、政府も分県を容認。一八八三（明治十六）年五月、苦難の末に宮崎県は鹿児島県から独立した。

Ⅰ－11．鹿児島県・宮崎県の行政区分の変遷

1．1872（明治5）年9月23日

2．1873（明治6）年1月15日

3．1876（明治9）年8月21日
〔3府35県時代〕

4．1883（明治16）年5月9日

志布志、大崎、
松山の3地域は
鹿児島県にとどまった。

12 士族たちの貧困が鳥取県を独立させた

隠岐《おき》は鳥取と島根のあいだを右往左往

鳥取県も、一八七六（明治九）年に全国規模で行われた府県の統廃合で、隣県に併合され、その後独立した県のひとつである。他県との大きな違いは、住民の熱心な分県運動が結実したというより、政府の介入で分県が実現したという点である。

一八七一（明治四）年七月の廃藩置県で、鳥取藩が領有していた因幡《いなば》、伯耆《ほうき》の両国と、播《はり》磨《ま》国の三郡二十四村を県域とする鳥取県が誕生。同年の十一月には、飛び地になっていた播磨の二十四村が姫路県に編入され、翌十二月には松江藩領であった隠岐が島根県から鳥取県に移管された。明治初年に発生した隠岐騒動と、隠岐で特に激しかった廃仏毀釈運動によって、島民が出雲（島根県）に対し強い敵愾心《てきがいしん》を持っていたため、政府が憂慮して島根県から切り離したのである。しかし一八七六（明治九）年八月、鳥取県は島根県に併合されてしまったため、隠岐は再び島根県の管轄に戻った。

これによって島根県は、出雲、石見《いわみ》、因幡、伯耆、隠岐の五国を領有する広大な県となり、県の東端から西端までは三百五十キロメートルあまりにもなった。東京〜名古屋間に匹敵する距離である。交通が未発達な時代、これだけ広い範囲を治めることは容易ではなかった。島根県令は職務に耐えられないとして、翌年七月に突然辞任してしまった。しかし、県令が辞任した本当の理由は、県域が広いということより、旧鳥取藩の不平士族が集まる鳥取の統治に疲労困憊したからであった。

鳥取藩三十二万石に対し、松江藩は十八万石。大藩が小藩の支配下に入ったようなものだから、旧鳥取藩士にとっては耐えがたい屈辱である。士族は県政批判に終始した。住民たちは働く意欲を失い、生活は困窮した。その窮乏ぶりは目を覆うばかりである。飢餓に喘《あえ》ぎ、飢え死にするものもいた。凶暴化する士族集団も生まれ、犯罪はあとを絶たなかった。

一八八一（明治十四）年七月、鳥取を視察に訪れた参議の山県有朋《やまがたありとも》は、かつては城下町として栄えていた鳥取がすっかり寂れ、治安も悪化している様子に驚いた。そこで山県有朋は、鳥取を再生させるためには産業を振興して、自活の道を進ませることが士族たちの貧困を救い、民情を安定させる最良の策であるという結論を出し、二ヵ月後には島根県からの分県を実現させた。他県では独立を勝ち取るまでに何年も費やしているのに、鳥取県の分県は異例の早さであった。いかに政府が、鳥取の将来に危機感を持ったかである。

鳥取の士族や住民たちの喜びようは大変なもので、各地で鳥取県再置祝賀会が開かれた。

しかし、同じ仲間であったはずの隠岐は、島根県に置いてきぼりにされてしまった。現在も隠岐は、島根県の管轄である。

Ⅰ－12. 鳥取県・島根県の行政区分の変遷

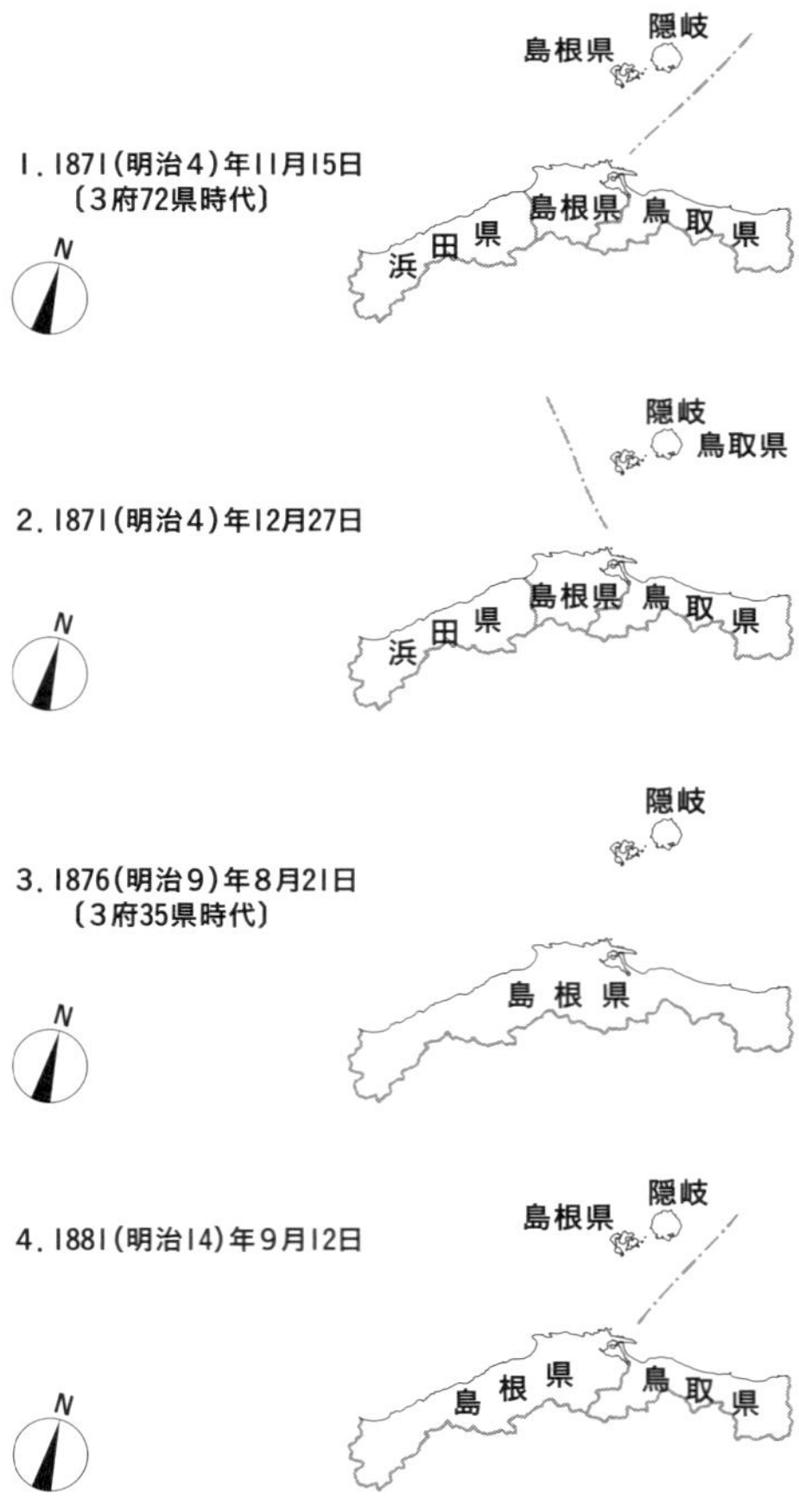

13

北海道にもあった「青森県津軽郡」

公文書の到着に一ヵ月かかることも

津軽三味線、津軽じょんがら節、津軽リンゴなどというように、青森県の「津軽」は全国的に知られた地名である。その「青森県津軽郡」という地名が、かつて北海道にも存在していたというと驚くのではないだろうか。

一八七一年七月の廃藩置県で、弘前《ひろさき》藩をはじめ八戸、七戸、黒石、斗南《となみ》の五藩はそれぞれ県となり、北海道で唯一の館《たて》藩（旧松前藩）も館県に改められた。同年の九月には、この六つの県が合併して弘前県が誕生した。津軽海峡を隔てている館県を弘前県に加えたのには大きな理由があった。館県は戊辰戦争で荒廃しており、松前藩時代のようなアイヌ交易の独占権もなく、稲作も皆無に等しい。単独で県を維持することは困難であった。

それに、新政府は命運をかけた一大事業として北海道の開拓に着手したが、その際、古くから和人が住み、すでに本州と同じように開けている地域（館県）が存在していることは、未開の地を開拓していく上での障害にもなった。そのため、館県を開拓使の管轄から切り離して、弘前県に押し付けたものとみられる。館県はお荷物以外の何物でもなかったのである。

館県は渡島《おしま》半島の南西端を占める地域で、面積は千九百八十平方キロ。現在の香川県や大阪府に匹敵する広さである。爾志《にし》、檜山《ひやま》、福島、津軽の四郡からなっていたが、津軽郡は一八八一（明治十四）年に福島郡と合併して松前郡となり消滅している。また、弘前県は発足からわずか二週間後には青森県と名を改めた。

青森県は津軽海峡を挟んで館県も管轄することになったため、行政は困難を極めた。津軽海峡は穏やかな日ばかりではない。海が荒れ狂い、渡航が困難なときもある。電信電話のなかった時代、伝達手段は直接手渡しするしかなかったため、公文書の到着に一ヵ月以上を要することさえあった。両地域の連絡を少しでも改善するため、政府に小型連絡船の配備を申請するが認められず、旧館県は青森県にとってますます厄介なお荷物になった。

これでは旧館県の健全な行政を行うことは無理だとして、一八七二（明治五）年二月、青森県は政府に旧館県の管轄免除の申請をするがあえなく却下された。だが、こういった青森県の動きを察した開拓使の黒田清隆次官は、いずれは開拓使に火の粉が降りかかってくるであろうことを感じ取り、旧館県の管轄を申し出た。これには政府も認めざるを得なくなり、同年九月、旧館県は青森県から開拓使に移管された。

わずか一年という短い期間ではあったが、北海道にも青森県が存在していたのである。

Ⅰ－13. 北海道にもあった青森県

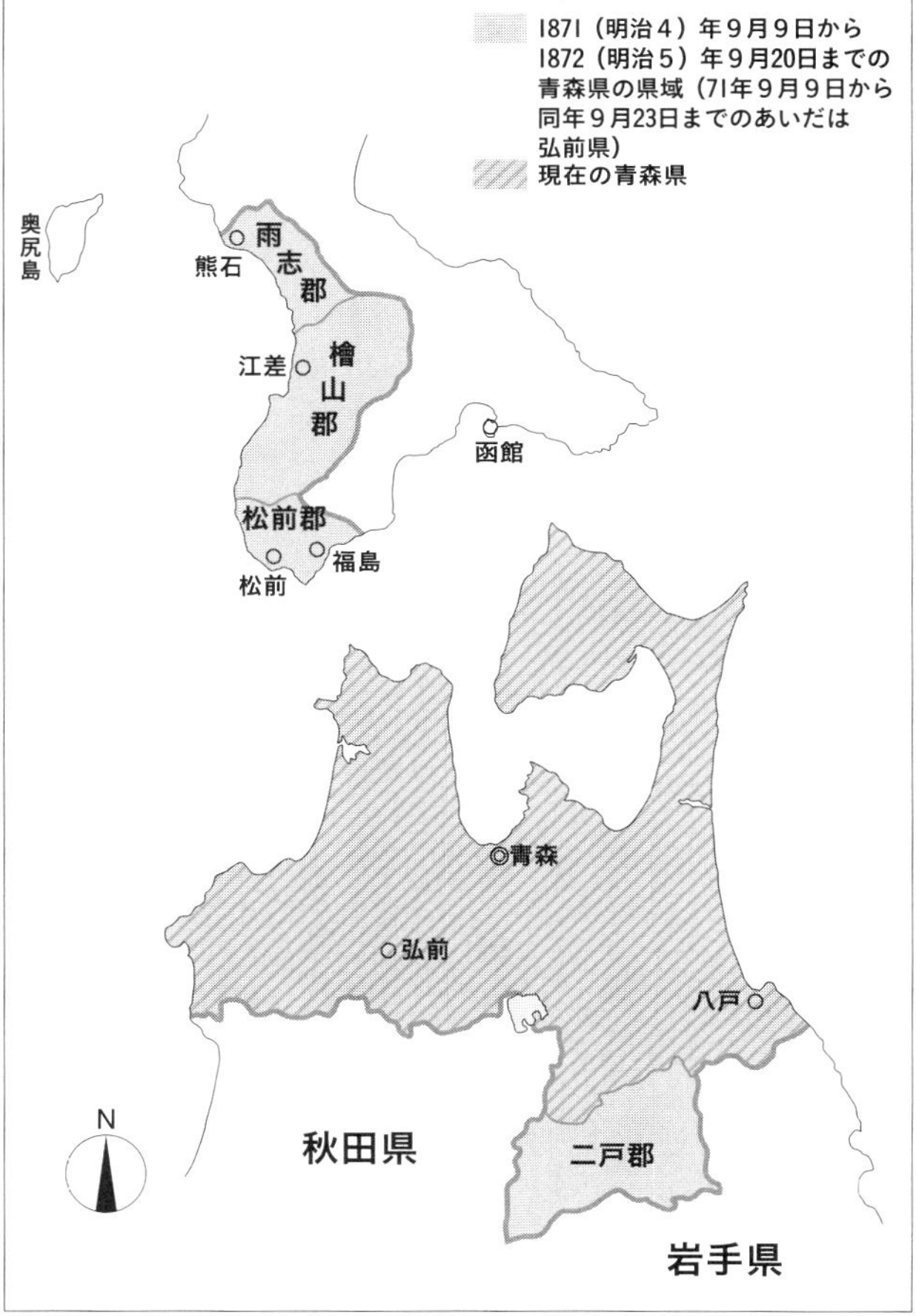

14

北海道に存在していた九州全域より広い県

開拓使から三県時代、そして十四支庁の行政区分に。そして…

北海道は明治になってから開発された新しい土地だが、現在の行政区分になるまでには幾多の変遷をたどってきた。江戸幕府が崩壊して樹立された明治新政府が、最初に手掛けた大事業のひとつに北海道の開発がある。当時の北海道はほとんどが未開の地で、松前藩が支配していた渡島半島の南西部の地域が開けていたに過ぎなかった。

北海道を開拓するにあたって、一八六九（明治二）年七月、まず東京に開拓使が設置された。同年の九月には函館に出張所が置かれ、蝦夷《えぞ》探検家の松浦武四郎を開拓判官に任命。蝦夷地を改めて北海道とした。と同時に全道を十一ヵ国八十六郡の行政区分に分け、北海道が日本の領土であることを内外に示すとともに、森林と荒野に覆われた原野の開拓に着手した。

一八七一（明治四）年五月には開拓使を札幌に移し、翌年九月に開拓使の札幌本庁を開庁。その下に函館、宗谷《そうや》、浦河《うらかわ》、根室、樺太《からふと》の五支庁を置いた。開拓次官になった黒田清隆は「北海道経営十ヵ年計画」を打ち出し、翌七二年からこの計画を実施して、士族の集団移住を積極的に推し進めた。また、労働力の確保とロシアの南下を防ぐ北方警備を目的に、七四年には屯田兵《とんでんへい》の制度も取り入れて、北海道の開拓に心血を注いだ。

屯田兵は翌年にまず琴似《ことに》（札幌市）に入植し、やがて道内三十七ヵ所に屯田兵村が設置された。屯田兵は平時には農耕に従事し、戦時には武器を持って防備にあたった。当初の屯田兵の職務は警備に重点が置かれていたが、次第に開拓の労働力として駆り出されることが多くなった。屯田兵は廃藩置県で職を失った士族たちの救済も兼ねていた。

北海道経営十ヵ年計画が満了となる一八八二（明治十五）年七月、開拓使の制度は廃止されたが、代わって札幌、函館、根室の三県が設置された。県といっても人口は極めて少なく、最も多い函館県でも十四万一千人、札幌県は九州より広い面積がありながら人口はたったの九万八千人、根室県に至ってはわずか一万三千人に過ぎなかった。到底、本土にある府県と同等の行政が運営できるはずもなかったが、それだけ北海道の開発にかける意気込みの強さが感じられる。

翌年には、三県を統轄する北海道事業管理局が設置された。だが三県と事業管理局との二重構造が障害となって開発は思うように進展せず、一八八六（明治十九）年一月、三県制度は不合理だとして廃止され、全道を管轄する北海道庁が設置された。

さらに、一八九七（明治三十）年には行政の効率化を図るため支庁制を導入して、全道が十九支庁に分けられた。札幌、函館、亀田、松前、檜山《ひやま》、小樽、岩内、寿都《すっつ》、室蘭、増毛《ましけ》、宗谷、空知《そらち》、上川《かみかわ》、網走、浦河、釧路、河西《かさい》、根室、紗那《しゃな》の十九支庁である。その後、統廃合を繰り返し、一九一〇（明治四十三）年までにのちの十四支庁が成立した。

二〇一〇年四月、長年慣れ親しまれた十四支庁は、管轄する自治体を一部変更したりしながら九つの「総合振興局」と五つの「振興局」に再編された。本来は、もっと大胆に権限や名称が変わるはずだったが、ほとんどは元の支庁名を継承している。

Ⅰ－14. 北海道の行政区分の変遷

1．1869(明治２)年９月

北海道を11ヵ国に区分

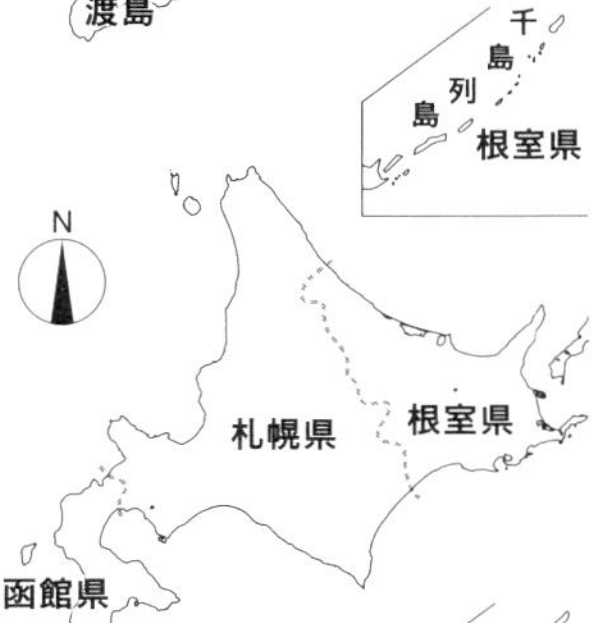

2．1882(明治15)年７月

北海道に３県を設置

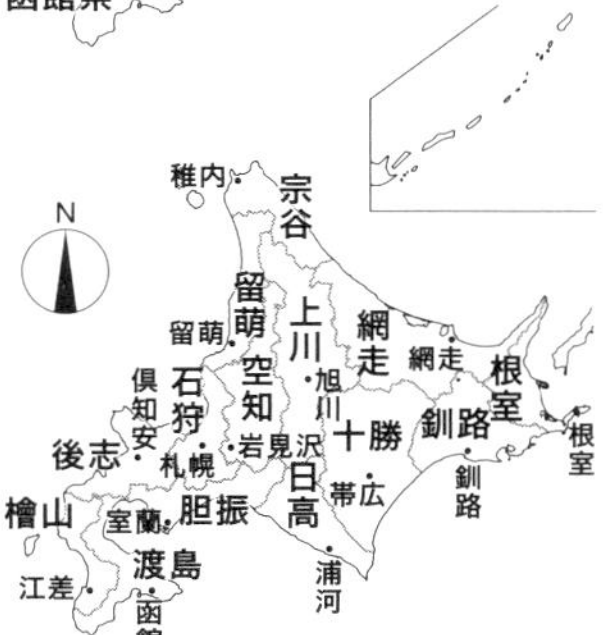

3．1897(明治30)年10月

19支庁を設置し、
1910(明治43)年までに
14支庁に統合される
(左図は14支庁制)

15 驚くほど小さかった東京府

伊豆諸島、三多摩を編入して現在の姿に

明治初期に行政区画を定める際、各府県のバランスを保つために基本とされたのが、財政基盤と人口規模である。したがって、人口の多い地域は面積が狭くてもよく、人口が希薄な地域は広大な面積を必要とした。この流れは現在にも受け継がれており、東京や大阪など大都市圏にある自治体の面積は概して狭い。

一八六八（慶応四）年七月に成立した東京府の面積は、驚くほどの狭さであった。江戸町奉行の管轄地域であった「朱引き」の範囲が東京府だったからだ。すなわち、現在の千代田、中央、港、新宿、文京、台東、江東など、都心部を形成する地域で、東京二十三区の二〇パーセントにも満たない狭い範囲だったのである。東京府に隣接する地域は武蔵県と呼ばれ、翌年には小菅《こすげ》県、品川県、大宮県などに分割された。

廃藩置県後の一八七一（明治四）年十一月には、品川県や小菅県などの隣接地域が組み込まれて、現在のほぼ東京二十三区の範囲が東京府になった。そして「大区小区制」により、

東京府は十一大区百三小区に区分された。

一八七八（明治十一）年一月には、伊豆諸島が静岡県から東京府に編入され、一八八〇（明治十三）年十月には、それまで内務省の管轄であった小笠原諸島も、東京府に移管された。

このようにして、東京府の行政範囲は次第に広がっていった。さらに一八九三（明治二十六）年四月には、三多摩地区が神奈川県から切り離されて東京府に編入された。これで東京府の面積は、一気に三倍近くにもなった。三多摩の編入で、現在の東京都の領域がほぼ確定したといえる。そして一八八九（明治二十二）年五月には、麹町《こうじまち》、神田、日本橋、京橋、芝、麻布、赤坂、四谷、牛込、小石川、本郷、下谷《したや》、浅草、本所、深川の十五区を行政区域とする東京市が誕生。一九三二（昭和七）年には隣接する郡部が東京市に編入されて二十区を新設、三十五区からなる大東京市が成立した。

戦時下の一九四三（昭和十八）年に都制が敷かれて東京府は東京都となり、東京市は消滅。そして戦後の一九四七（昭和二十二）年三月には、三十五区が二十二区に統合され、さらに同年八月に練馬区が板橋区から分区して二十三の特別区になった。

一九六八（昭和四十三）年六月には、敗戦後アメリカに占領されていた小笠原諸島が日本に返還されて、もちろん東京都の管轄になった。このように東京が現在の姿になるまでには、実に目まぐるしく行政区分が変わってきたのである。

II

県境に秘められた歴史

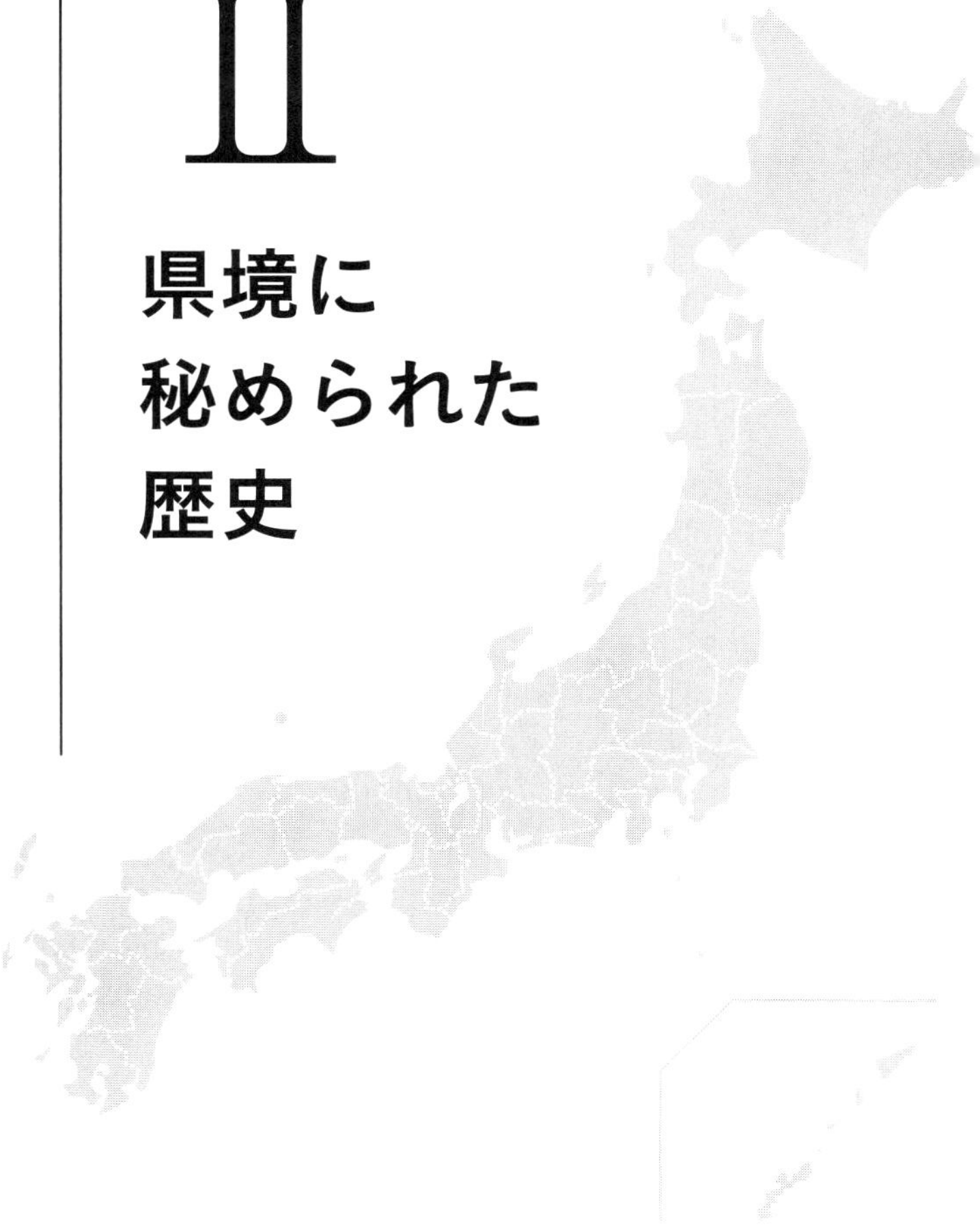

1 実は徳島県だった淡路島

兵庫県への編入は「稲田騒動」が原因か？

瀬戸内海に浮かぶ淡路島は、江戸時代は徳島藩の領地だった。徳島藩主の蜂須賀至鎮《はちすかよししげ》は大坂の陣の戦功により、淡路六万三千石を加封されたのである。以来、版籍奉還（一八六九年）までの二百五十年あまり、淡路島は徳島藩が管轄してきた。この流れからすれば、淡路島が現在も徳島県の行政区域であったとしても何ら不思議ではない。それなのにどういうわけか、淡路島は兵庫県の一部になっている。なぜなのか。これには深いわけがあった。

一八七一（明治四）年の廃藩置県で、阿波国と淡路島の南半分（三原郡）を領域とする徳島県が誕生した。同年の十一月には、淡路島の全域が徳島県の管轄となり、県名も名東県《みょうどう》と改められた。一八七三年に香川県を併合したが、二年後の七五年九月には香川県が再び独立し、名東県はもとの県域に戻った。しかし、翌一八七六（明治九）年八月、名東県は高知県に併合されてしまい、淡路島は切り離されて兵庫県に編入された。このとき、なぜ淡路島だけが兵庫県に組み込まれたのか。これは名東県を併合したことによって、高知県の管轄区域

Ⅱ－１．徳島県だった淡路島

１．1871(明治４)年７月14日〔廃藩置県〕

２．1871(明治４)年11月15日
〔３府72県時代〕

３．1876(明治９)年８月21日
〔３府35県時代〕

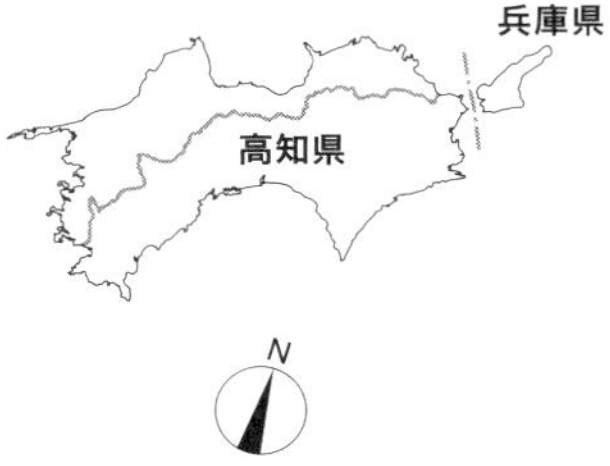

４．1880(明治13)年３月２日

が広くなり過ぎてしまったため、淡路島だけを兵庫県に編入したともいえる。しかし、実は別に大きな理由があった。廃藩置県前年の一八七〇（明治三）年五月に発生した「稲田騒動」が、最大の原因だったのではないかといわれている。

徳島藩主の蜂須賀氏は、筆頭家老の稲田氏を洲本城代として淡路島の統治に当たらせていた。ところが版籍奉還で稲田家の不満が噴出した。蜂須賀氏の家臣が士族になったのに対し、稲田家の家臣は蜂須賀氏の家臣の家来の扱いで、家臣より一ランク低い卒族《そつぞく》にされた。これを不満とする稲田家の家臣たちは、蜂須賀氏に士族にしてくれるように願い出るが受け入れられなかったため、淡路を洲本藩として独立させようとする運動を展開した。だがこれは裏切り行為だとして、蜂須賀氏の怒りを買った。蜂須賀氏の家臣たちは稲田家を襲撃。十七名が殺害され、二十名が負傷するという大事件になった。これが稲田騒動である。

政府は稲田家を襲撃した首謀者十名を斬罪、二十六名を八丈島へ終身流罪にするなど厳しく処罰。また稲田家に対しては、分藩運動を起こした罪として家臣全員の北海道への移住開拓を命じ、移住開拓費用は徳島藩が負担するものとした。だが、徳島藩は財政難のためこれを固辞。やむをえず、政府は稲田家旧領の全高を兵庫県に管轄させ、移住開拓費も財政力のある兵庫県に支払わせた。この稲田騒動が背景にあったため、江戸時代から古いつながりがあった阿波と淡路島が切り離され、兵庫県に編入されたのではないかといわれているのだ。

2 静岡県になりたくなかった伊豆

熱海市の一部は神奈川県だった

廃藩置県後の一八七一（明治四）年十一月、伊豆国と相模国を領有する足柄県が成立した。しかし、一八七六（明治九）年四月に全国的な規模で実施された行政区分の再編で、相模国は神奈川県へ、伊豆国が静岡県に編入され、足柄県は消滅した。

その後、北陸や四国、九州などで分県運動が盛んに行われたことに刺激を受けて、伊豆においても神奈川県への編入運動が発生した。伊豆は昔から駿府や遠江《とおとうみ》より、相模や武蔵との結びつきのほうがはるかに強かったにもかかわらず、住民の意志を無視したからである。

だが、神奈川県への編入運動が発生したのは、それだけが理由ではなかった。駿府や遠江には天竜、大井、安倍、富士などの大河川があるのに対し、伊豆に大きな河川はない。にもかかわらず、大河川の治水にかかる費用が、伊豆の住民にも税金として重くのしかかってきたのだ。この不公平感が伊豆の住民には納得し難く、やがて静岡県からの離脱運動が沸き起こった。そして住民の代表たちは元老院議長へ建白書を提出したが、伊豆の神奈川県への編入は認められなかった。

しかし、伊豆はいまも東京や神奈川と密接な関係にある。大温泉地の熱海が、古くから「東京の奥座敷」として親しまれてきたことからも、両地域の関係の深さが分かる。その熱海市は、もとは神奈川県だった。市全域が神奈川県であったわけではないが、神奈川県境に接している熱海市の泉地区が神奈川県だったのである。

泉地区は一八七八（明治十一）年三月に、静岡県賀茂郡に編入されて泉村となった。なぜ静岡県に編入されたのかの、詳しい経緯についてはよく分からない。一八八九（明治二十二）年四月には、市制・町村制の施行により泉村は熱海村、伊豆山村、初瀬村と合併して熱海村となった。だが、泉地区は昔から県境を挟んで隣接する湯河原と深いつながりを持っていたため、これまでしばしば湯河原との合併問題が持ち上がってきた。時代は下って一九五五（昭和三十）年には、合併推進派と、それを阻止しようとする分離反対派が衝突する事態にまで発展したが、総理大臣の裁定により「現状維持」が確定し、越県合併は実現しなかった。

だが、熱海市の泉地区と湯河原町との関係は依然として深いものがある。県境を流れる千歳川を挟んで、熱海市側にある温泉を伊豆湯河原温泉と称している。また、泉地区の消防の救急業務や下水道処理も湯河原町が受け持っているし、鉄道の玄関口も湯河原駅。熱海市泉

Ⅱ－2．神奈川県だった熱海市泉地区

地区の生活基盤は完全に湯河原町にあるのだ。電話の市外局番も熱海市は０５５７であるのに対し、泉地区だけはＮＴＴ東日本が管轄する湯河原町と同じ０４６５なのである。平成の大合併では、静岡県熱海市と神奈川県湯河原町との越県合併も取沙汰されたが、結局は現状維持のまま推移している。

3 天草を長崎に引き寄せた「島原の乱」

肥後国の天草が肥前国の長崎県だった理由

天草諸島は熊本県の西部にある天草上島、下島を主島とする島嶼《とうしょ》群で、地理的位置からみても、そこが熊本県であることは明らかである。ところが、かつて天草が長崎県に属していた時代がある。いや、もともと長崎県だったといったほうが正しいのかもしれない。肥後国の天草が、肥前国の長崎県であったというのにはそれなりの理由があった。

江戸初期に、肥前国の島原と肥後国の天草の農民・キリシタン信徒が、領主の悪政に立ち上がった農民一揆（島原の乱）は、日本中を激震させた大事件として歴史に刻まれている。天草と島原から一揆に参加した農民・キリシタン信徒総勢三万八千人が原城に籠城して徹底抗戦したが、全員戦死して天草はもぬけの殻同然になった。幕府はこれを契機にキリシタンの弾圧を強化するとともに、天草の復興を図るため幕府直轄の天領とした。本来は肥後の熊本県になるべき天草が、一時的ではあったが肥前の長崎県に組み込まれたのは、この島原の乱が最大の原因であった。

天草は一八六八（慶応四）年四月に富岡県として独立したが、二ヵ月後には天草県と名を改め、さらに二ヵ月後には長崎府に併合されてしまった。朝廷が幕府を倒したとはいっても、全国には政治的にも経済的にも独立した諸藩が割拠していたため、新政府の財政は逼迫していた。直接支配できるのは旧幕府領に限られていたので、天領だった天草はいち早く、新政府の支配下にある長崎府に併合させられたわけである。

長崎府は版籍奉還が行われた一八六九（明治二）年の六月に長崎県と名を改めた。そして一八七一年七月の廃藩置県で成立した島原、平戸、福江、大村の各県が、同年十一月に統合されて長崎県となった。それと同時に、天草郡は長崎県から切り離されて八代県《やつしろ》（熊本県南部）に編入された。天草が長崎県の管轄というのは、地理的にみても不自然であり、行政に支障をきたす恐れがあると考えられたようだ。新政府が中央集権体制の強化を目指すためには、行政区域の適正化を図る必要もあった。そのため天草は、本来の姿であるべき肥後国の管轄に戻されたわけである。

肥後国は八代県と熊本県（白川県）に統合された。そして一八七三（明治六）年一月、白川県は八代県と合併し、晴れて肥後国の全域を管轄する白川県が誕生した。一八七六（明治九）年二月には、白川県から熊本県へと改名して現在に至っている。このように、短いあいだではあったが天草諸島は長崎県だったのである。

4 瀬戸内海に浮かぶ小豆島《しょうどしま》は讃岐《さぬき》か備前《びぜん》か？

小豆島にはふたつの県が存在していた

瀬戸内海に浮かぶ美しい島の小豆島は、壺井《つぼい》栄《さかえ》の小説『二十四《にじゅうし》の瞳《ひとみ》』と、オリーブの産地として全国的に知られている。その小豆島が、江戸から明治にかけて、所管がたらい回しにされてきたといってもいいほど、目まぐるしい変遷をたどってきた。そのせいか、小豆島は讃岐国に属すのか備前国に属すのか、また香川県か岡山県かと問われても、自信をもって答えられる人は意外に少ないようだ。

小豆島およびその西に点在する直島諸島は、七世紀後半に吉備国が備前、備中、備後の三ヵ国に分割されて以来、備前国に属していた。だがその後、讃岐国に変わっている。移管された時期がいつであったかは定かでないが、おおむね南北朝時代（十四世紀）の頃に、備前から讃岐へ譲り渡されたのではないかといわれている。

江戸時代、小豆島の西部六郷（小海《おみ》、肥土山《ひとやま》、上庄《かみしょう》、渕崎《ふちざき》、土庄《とのしょう》、池田）は津山藩の管轄下に置かれていた。一方の東部三郷（大部《おおべ》、福田、草加部《くさかべ》）は幕府直轄の天領であった。

Ⅱ－4．小豆島にはふたつの県が存在していた

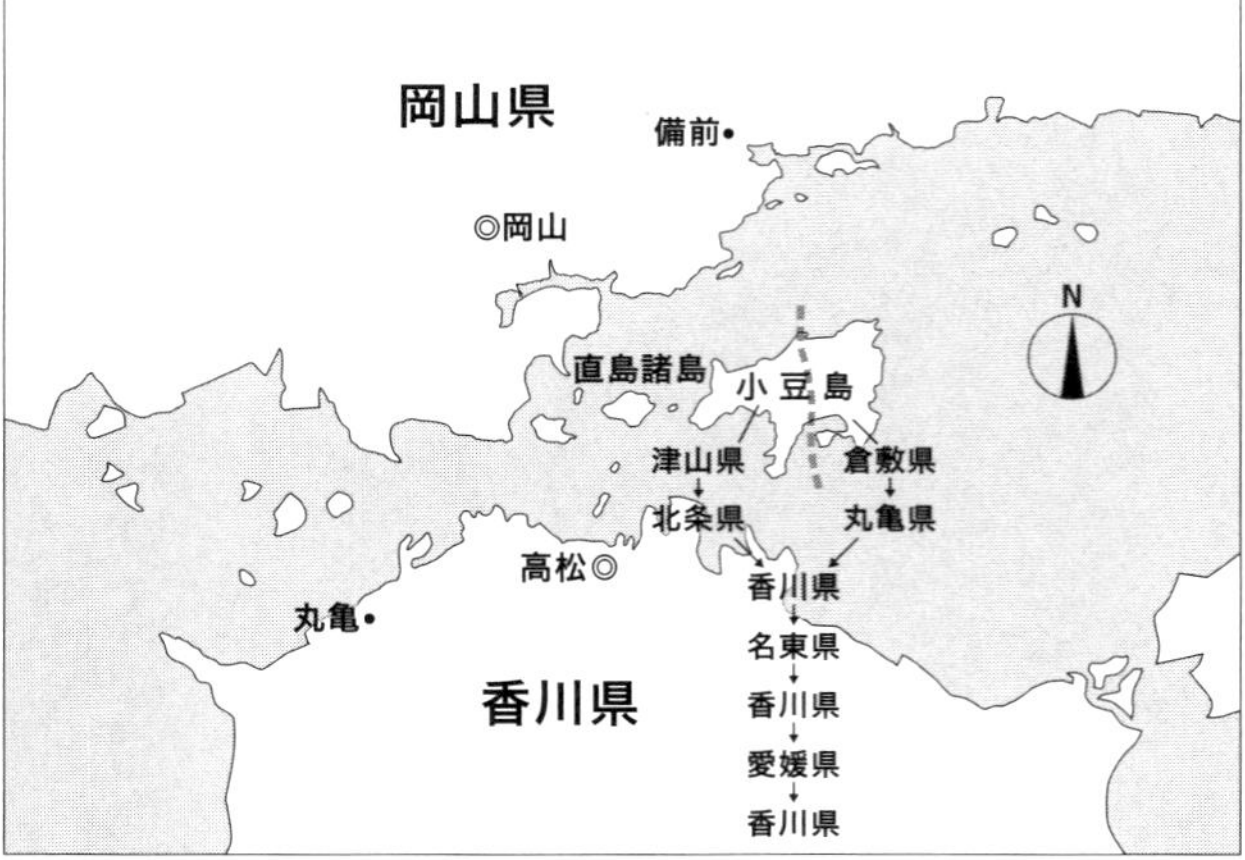

そのため明治維新の激動期に、小豆島ではその領有をめぐって東部と西部地域とでしばしばトラブルが発生したこともある。

津山藩は一八七一（明治四）年七月の廃藩置県で津山県になり、小豆島の西部六郷も津山県の管轄になった。同年十一月には津山県は合併して北条県となり、県庁は美作《みまさか》の津山に置かれた。小豆島の西部六郷も北条県となって、渕崎に県庁の出張所が置かれた。

いっぽう、小豆島の東部三郷は幕府の直轄地であったため、土佐藩預かりとされていたが、一八六八（慶応四）年七月、倉敷県の所管となった。しかし、一八七一年四月、東部三郷は倉敷県から

切り離されて丸亀県に編入された。それも束の間、同年十一月には丸亀県が高松県と合併して香川県が誕生。それに伴い、小豆島の東部三郷も香川県の管轄になった。この時点でも、小豆島には北条県と香川県が存在していたのである。

小豆島が晴れてひとつになったのは、一八七二（明治五）年一月、小豆島の西部六郷が北条県の管轄を離れ、香川県に編入されたときである。これで讃岐国一国を行政区域とする香川県が成立した。だが、香川県がその後も統廃合を繰り返してきたことは、前章で紹介してきた通りだ。つまり小豆島の西部六郷は、津山県→北条県→香川県→名東県→香川県→愛媛県→香川県、東部三郷は倉敷県→丸亀県→香川県→名東県→香川県→愛媛県→香川県というように、それぞれ六度ずつ県名の変更を余儀なくされてきたことになる。

5 アイヌの勢力争いが十勝と釧路の国境を決めた？

釧路から十勝へ移管された足寄郡《あしょろ》

北海道は府県と同格の自治体だが、道内をさらに細かく区分している支庁（現・振興局）とは何だろうか。そこに住む住民たちにとっては、県境と同じように支庁境も直接生活にかかわる大切な問題なのである。

現在、十勝支庁管内にある足寄郡は、一八六九（明治二）年八月に国郡が設定された当時は、釧路国の管轄下に置かれていた。地理的位置からみれば、十勝川水系の利別《としべつ》川流域にある足寄郡は、本来なら十勝国の所轄であるべきだろう。ところが、足寄郡は釧路国に組み込まれたのだ。その理由は、アイヌの勢力争いにあった。利別川を挟んで十勝アイヌと釧路の白糠《しらぬか》アイヌとのあいだでしばしば権力抗争が発生しており、両地域のアイヌは互いに一線を画していた。

当時の村境は、アイヌの集落単位で決められることが多かったので、白糠アイヌの系統を引いていた足寄郡は、必然的に釧路の所轄になったのである。しかし、やがて開拓者が続々

Ⅱ－5．釧路から十勝へ移管された足寄郡

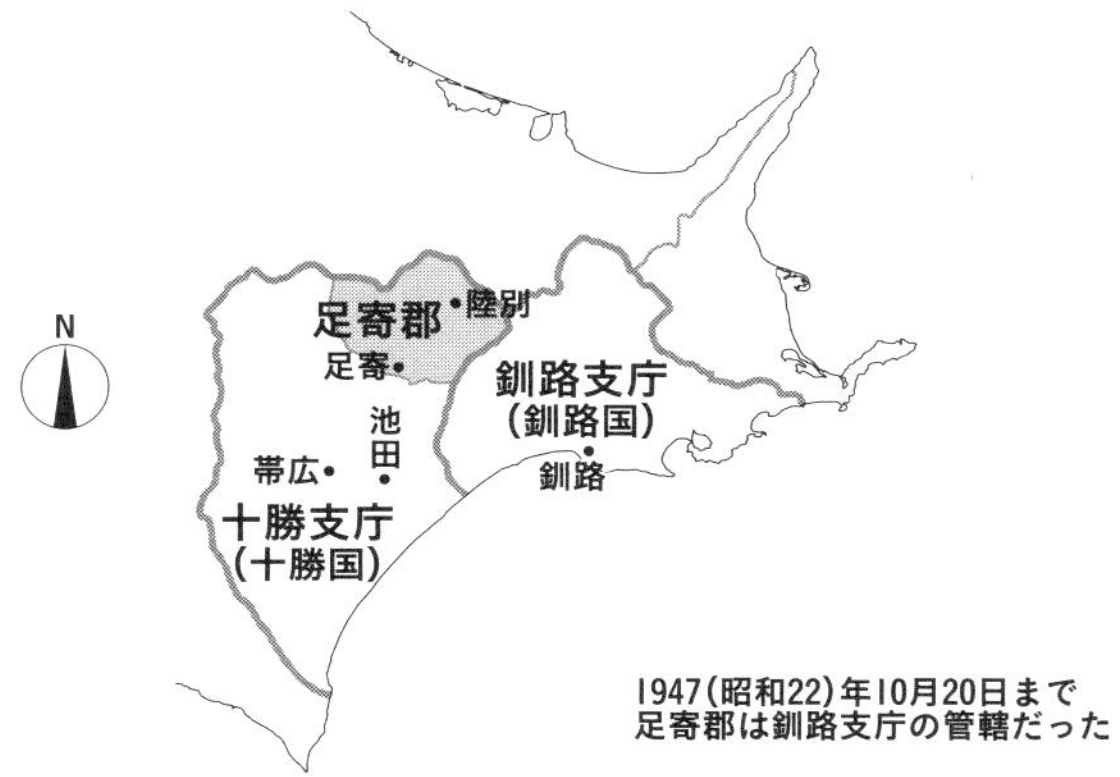

と入植してくると、アイヌのつながりは次第に希薄になり、産業や経済、文化など、日常の生活での結びつきのほうが重要視されるようになってきた。

交通の面からみると、足寄郡から支庁所在地の釧路は大変不便な地にある。支庁境に横たわっている山々を越えるか、明治の終わりに開通した鉄道で十勝支庁の中心都市・帯広に近い池田までいったん出て、そこからさらに百キロ以上も列車に揺られなければならない。鉄道の運行本数が著しく少なかった時代、泊りがけでなければ用が足せないというありさまであった。経済的な負担も重くのしかかった。住民たちのあいだで、釧路支庁から十勝支庁への移管を求める声が高まるのは当然のことといえた。

だが、議会で足寄郡の所管変更の問題が議題に上ることはあったが、採決までには至っていない。理由はいろいろ考えられる。ひとつには、役人たちには旅費が支給されるため、経済的な負担はなかった。したがって、移管問題に乗り気ではなかったということがいえよう。それに、有望な農村が少ない釧路支庁においては、農作物の収穫が多かった足寄郡は優位な立場でいられるが、穀倉地帯の十勝支庁に移管されると、その地位が著しく低下する恐れがあったというのも理由のひとつである。

しかし、一九四七（昭和二十二）年に地方自治法が施行され、日本が民主化の道を歩むようになると状況も一変し、足寄郡の移管はあっさりと認められた。翌四八年十月、足寄郡は釧路支庁から十勝支庁へ移管された。香川県よりも広い足寄郡だが、そこには足寄町と陸別町の二町があるだけで、人口も一万人そこそこしかいない。歌手・松山千春の出身地として名高い足寄町は、平成の大合併までは日本一面積の広い自治体として知られ、いっぽう陸別町は日本一激寒の地といわれている。（十勝支庁および釧路支庁は二〇一〇年四月から十勝総合振興局および釧路総合振興局となった。ここでは移管当時の名称である支庁で記述した）

6 町の中を走る山形・新潟県境

集落の民家の間を通る不思議な県境も、その歴史をたどってみると

山形と新潟の県境付近に「鼠ヶ関《ねずがせき》」という集落がある。この集落の中に山形と新潟の県境が走っている。大都市周辺の地域ならともかく、人口が希薄な地域で、しかも集落の中に県境が通っているというのは非常に珍しい。地図上でみると、新潟県村上市（旧・山北町）の伊呉野《いぐれの》地区が、山形県鶴岡市（旧・温海《あつみ》町）の鼠ヶ関地区に深く食い込んでいる。どうみてもこの県境が不自然なのである。そのため、集落が県境にまたがって広がっている。およそ九〇パーセントは山形県だが、残りの一〇パーセントは新潟県だ。集落がそっくり山形県に属しているのが自然の姿なのだろうが、なぜ新潟県が山形県側に食い込んでいるのか。伊呉野地区は何を意味しているのだろうか。

民家と民家の間にある細い路地が山形と新潟の県境になっており、県境を挟んで庄内ナンバーの車と新潟ナンバーの車が、並んで駐車してあるという珍しい光景に出くわすこともある。集落の中には「右新潟県、左山形県境標」と刻まれた標柱が立っており、アスファルト

の道路上には、県境を示す黄色い破線が引かれている。この破線の両側には「山形県こんな町」、「新潟県わが町」と記され、ここが県境の町であることをアピールしている。

石川と福井の県境にまたがっている吉崎御坊に似ているが、大きく違う点はここには勿来《なこそ》関《せき》、白河関とともに奥州三関の一つに数えられる鼠ヶ関（念珠関）という古代の関所が置かれていたということである。これまでの発掘調査で、縄文時代から人々が生活を営んでいたことが明らかになっている。そして、一九六八（昭和四十三）年に実施された本格的な発掘調査で、棚列址や須恵器平窯址、製鉄址などが発見され、ここに古代の関所が置かれ、高度な技術を備えた集落が形成されていたことも確認されている。そのため、鶴岡市の国道沿いにある江戸時代に置かれた念珠関跡を「近世念珠関」というのに対し、山形と新潟の県境で発見された関所跡は「古代鼠ヶ関」と呼ばれるようになった。つまり、この地区には二つの関所があったのである。

鼠ヶ関は山形と新潟の県境であるとともに、出羽《でわ》と越後の国境であり、奥羽地方と中部地方の境界でもある。源頼朝に追われ、奥州平泉に逃れる源義経の一行が北陸方面から海路を北上し、上陸した地が鼠ヶ関だったともいわれている。そのため鼠ヶ関は、勧進帳の舞台との説もある。また、戊辰戦争では官軍と旧幕府軍が、鼠ヶ関で凄まじい戦闘を繰り広げたという過去もある。

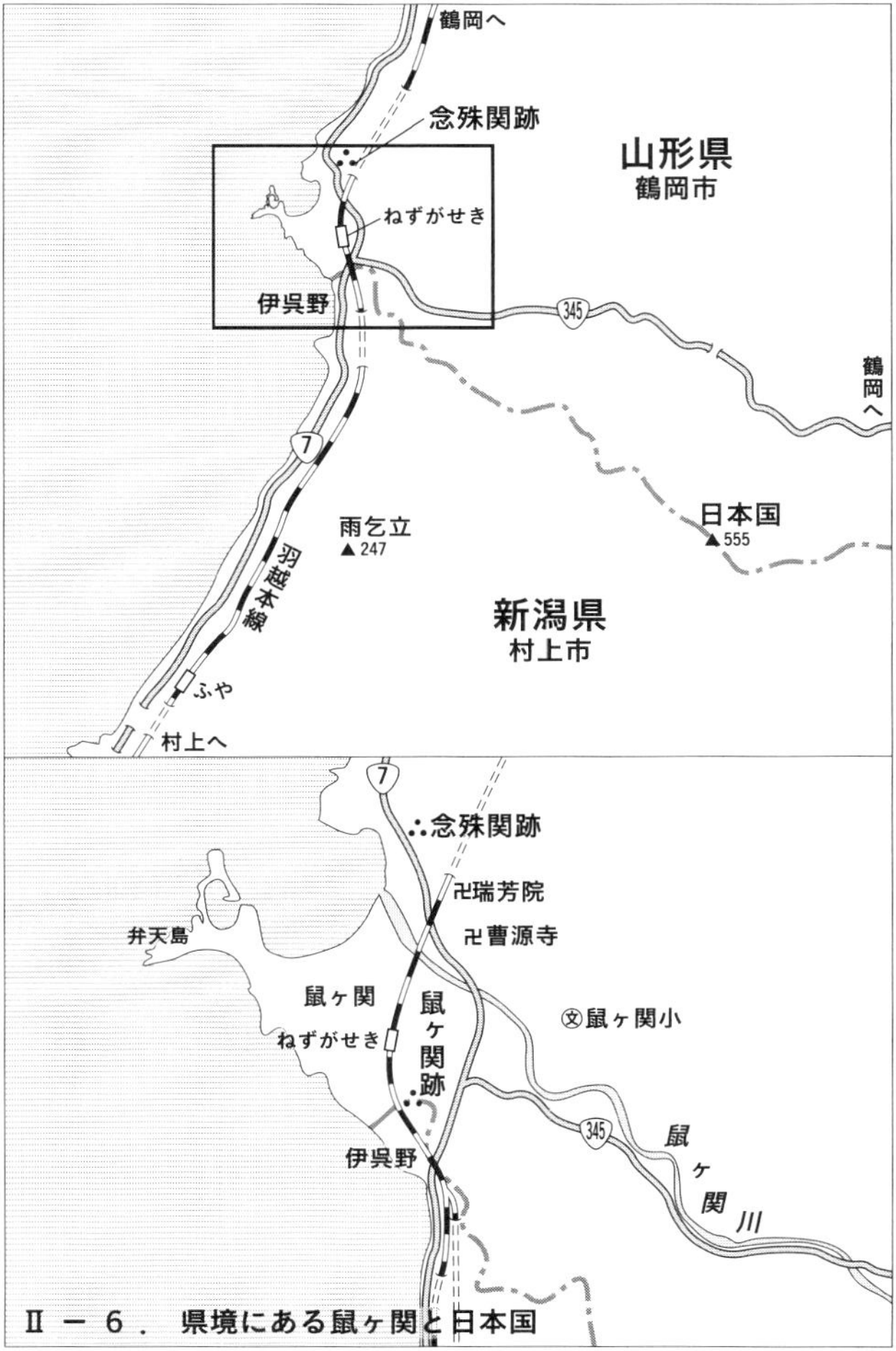

Ⅱ－6．県境にある鼠ヶ関と日本国

さらに、鼠ヶ関から直線で東に五キロほどの地点には、「日本国《にほんこく》」という不思議な名前の山がそびえている。日本山ではなく、日本国なのである。標高五五五メートルのそれほど高い山でもないが、日本国という山名が興味を引き、遠方から登山に来る人も少なくない。山名の由来には諸説あるが、そのひとつに、坂上田村麻呂が蝦夷征伐に際し、この山を前線基地としたことから日本国と名づけられたという説がある。すなわち、大和（日本）と蝦夷の国境がここだったのではないかというのである。

鼠ヶ関と日本国とが同じ地域にあるというのは単なる偶然とも思えない。恐らくこの地域は、古代から軍事的にも交通上からみても重要な拠点であったのだろう。そのためここに関所が置かれたものとみられる。これまで、縄張りをめぐってさまざまな争いが繰り広げられてきたに違いない。集落を割って山形県側に深く入り込んでいる新潟県側の伊呉野地区が、それを暗示しているようでもある。

7 神奈川県だった三多摩が東京に移管された本当の理由

三多摩が多摩県として独立していた可能性も

明治中頃までの東京府は、神奈川県と比べ著しく面積の狭い自治体だった（第I章参照）。それというのも、三多摩（北多摩、南多摩、西多摩三郡の総称）が当時はまだ神奈川県だったからである。その三多摩が東京府に移管された。東京府と神奈川県の人口のバランスをとるためではない。東京は日本の首都であり、面積は狭いながらも人口は多く、財政基盤も整っていた。それなのに、なぜ三多摩は東京府に移管されたのか。

三多摩の住民たちが東京府への移管を希望し、それが認められるというのが本来の筋だが、東京府への移管を強力に推し進めたのは政府であり、神奈川県知事であり、警視総監であったところに問題がある。三多摩地区では、東京への移管に賛成する者より、反対する者のほうがはるかに多かった。にもかかわらず、政府は反対派を押し切って東京への移管を実現させたのである。

東京府民の飲料水になっている玉川上水の衛生管理と水源確保の問題は、明治初期からの課題であった。玉川上水の水源地と水路の大部分が、隣の神奈川県の行政区域になっているため、それを東京府の管轄下に置かなければ衛生的な飲料水の安定供給は図れないとして、一八七三（明治六）年、大久保東京府知事は玉川上水流域の東京府への編入を大蔵省に申請した。しかしそれは受理されず、一八八六（明治十九）年にも、玉川上水流域にある北多摩、西多摩二郡の東京府への移管申請を内務大臣に提出したが、これも認められなかった。

だが一八九二（明治二十五）年九月に、富田東京府知事が三多摩の移管を内務省に上申したときには状況も大きく変わっていた。これには警視総監の強力なあと押しがあり、内海《うつみ》神奈川県知事までもが東京府に全面的に協力したため、翌年には三多摩の東京移管が実現した。本来なら三多摩の移管は、神奈川県にとっては身体の一部をもぎ取られるようなものだから、知事は反対してしかるべきものだが、意に反して移管を積極的に推進した。これには深いわけがあったのである。

三多摩は政府と敵対する自由党の勢力が最も強い地域で、神奈川県議会も自由党に牛耳られていた感があった。内海知事にとって、自由党は厄介な存在でしかなかったのだ。そのため知事は警察と共謀して、一八九二（明治二十五）年二月の総選挙では自由党に圧力を加えた。これは選挙干渉だとして自由党は強く反発し、知事と警部長の罷免を県議会に提出するという事態にまでなった。そこで、知事らは難局を打開する策として、三多摩を神奈川県か

Ⅱ－7．神奈川県から東京に移管された三多摩

1．1893(明治26)年３月31日までの東京府と神奈川県の境界

2．東京都制多摩県案

旧東京市(東京15区)だけが東京都になる案もあった

ら切り離し、東京府へ移管する作戦に出たのである。

この動きに対し、三多摩地区では東京への移管に強く反対し、特に自由党の勢力が強かった南多摩郡では、町村長が総辞職し、役場の業務が停止するという騒ぎにまでなった。しかし、「東京府及神奈川県境域変更に関する法案」は帝国議会に提出され、衆議院、貴族院を難なく通過して翌九三年四月、三多摩の東京府への移管が実現した。

玉川上水の上流が汚染されて多くの死者を出すという事件が発端となって、東京府民の飲料水を確保することが目的だった三多摩の東京移管が、政治に利用されて実現するという皮肉な結果になった。抵抗勢力の自由党は、東京府と神奈川県に分断されたことにより勢力が弱まり、政府の目指す軍事力強化の路線が思い通りに推し進められていくことになった。

大正時代になると都制案が浮上し、東京府と東京市を統合して東京都へ移行する案が論議されるようになった。ここでも、三多摩の動向が再び論議の焦点になった。三多摩を東京都に加えるべきか否かという問題である。賛成派と反対派は激しく対立した。三多摩の東京府への移管当時は、三多摩地区では移管反対派が圧倒的多数を占めていたが、今回の東京都制に関しては、東京都への編入に賛成する者が多数を占めた。東京市と三多摩とでは経済格差が大きい。それなのに三多摩が東京都から除外されればますます格差は広がり、発展から取り残されてしまうと考えられていたからである。

一方の東京市側では、三多摩の東京府への移管には積極的であったにもかかわらず、三多摩の都制に関しては消極的で、三多摩は農村地帯だから東京都に加えるべきではないとする意見が大勢を占めていた。利害が絡み合い、双方の駆け引きが続いたが、一九四三（昭和十八）年七月に都制が施行された際には、三多摩も東京都に組み込まれた。

三多摩が東京都に加えられた理由は、三多摩には緑地帯が多かったため、東京が理想的な都市を目指す上で欠かせない存在であったことや、首都防衛の面からみて三多摩は軍事施設の移設地として適していたこと、災害時においては避難地になり得るなど、メリットが大きかったからである。

しかし、一方では三多摩の東京都への編入に反対し、多摩県として独立すべきだとする根強い意見があったことも忘れるわけにはいかない。もし多摩県が誕生していれば、現在では面積こそ狭いものの、人口約四百万人の全国有数の県になっていたことは間違いない。

8 伊豆諸島はなぜ静岡県ではなく東京都なのか？

小笠原諸島は東京の軍事拠点だった

伊豆諸島はその地名が示しているように、伊豆国の一部である。したがって、伊豆半島が静岡県である以上、伊豆諸島も静岡県であってしかるべきだろう。しかし、伊豆諸島は東京都の管轄で、伊豆半島とは別の自治体になっている。それはなぜか。

江戸時代の伊豆諸島は幕府の直轄地として、伊豆韮山《にらやま》代官の支配下に置かれていたが、一八七〇（明治三）年に韮山県、翌年には足柄県の管轄になった。そして一八七六（明治九）年四月、足柄県が神奈川県と静岡県に分割、統合されたのに伴い、伊豆諸島は伊豆半島とともに静岡県に編入された。

ところが、それから二年後の一八七八（明治十一）年一月、伊豆諸島だけが東京府に編入された。なぜ伊豆諸島だけが？　と誰しも疑問に思うだろうが、伊豆諸島は古くから伊豆半島よりも江戸と密接な関係にあったのだ。島では米が生産できなかったため、幕府は産物の塩や絹織物（黄八丈）を年貢として納めさせ、代わりに米を支給した。また、島の人々は絹織物や椿油、魚類など島の産物を江戸に運んで売りさばき、そのお金で食料品や日用品などを買っては島に持ち帰り生活していた。この関係は明治に入ってからも続いた。そのため伊豆諸島は同じ伊豆国でありながら、伊豆半島より東京のほうがはるかに深いつながりがあった。租税や戸籍などの行政事務も、東京の出張所で処理されていたほどである。

静岡県に編入されてからも、依然として経済的な結びつきは東京とのほうが強く、静岡県にとって伊豆諸島は、お荷物のような状況だった。静岡県の管轄では島の人にとって不便なことも多く、東京への編入を望む声が日増しに高まっていった。島民の願いが叶い、伊豆諸島は静岡県に編入されてから二年足らずで東京府に移管された。

しかし、東京への編入はこれだけが理由ではなかった。伊豆諸島は東京の真南にあり、軍事上極めて重要な位置にあったことも大きく影響している。一八八〇（明治十三）年十月に、小笠原諸島が東京府の管轄になったのも、伊豆諸島と同じように、軍事戦略上の重要拠点として位置づけられていたからである。それを裏付けるように、小笠原諸島は日本軍の軍事基地となり、その南に続く火山列島の硫黄島は太平洋戦争最大の激戦地になった。アメリカ軍はこの島を占領し、日本本土爆撃の基地として大きな役割を果たした。小笠原諸島や火山列島は、長いあいだアメリカ軍に占領されていたが、一九六八（昭和四十三）年六月、二十数年ぶりで日本に返還され、そのまま東京都の管轄になっている。

9 長野と静岡の県境は毎年移動する？

熱気あふれる「峠の国盗り綱引き合戦」

越県合併したときなどのように、行政区域の変更で県境が移動することは稀《まれ》にあるが、県境が毎年少しずつ動くなどということは常識では考えられない。ところが、長野と静岡の県境は毎年一メートルずつ動いている。長野と静岡の県境にある兵越峠《ひょうこしとうげ》で、毎年十月に信州軍と遠州軍が国境線をかけて、綱引き合戦が繰り広げられているのだ。名づけて「峠の国盗り綱引き合戦」。この綱引きで勝利したほうが、一メートルだけ国境線を広げることができるというルールなのである（ただし、もちろん正式な県境ではない）。

はじめは県境を挟んで隣接する長野県の南信濃村（現・飯田市）と、静岡県の水窪《みさくぼ》町（現・浜松市）の商工会青年部が、野球などのイベントを通じて交流を図ってきた。だが、もっと世間の注目を集めるような面白い企画はないものだろうかと、あれこれ思案したあげくに考え出されたのが、国境（県境）をかけて争う綱引き合戦だった。

綱引きが行われる兵越峠は、信州と遠州を結ぶ秋葉（信州）街道にある。古くは秋葉神社

Ⅱ－9．兵越峠で行われる「峠の国盗り綱引き合戦」

へ通じる信仰の道であるとともに、太平洋側から海のない信州へ物資を運ぶ「塩の道」でもあった。戦国時代には武田信玄が天下をかけて信州へ侵攻したルートでもある。まさに国盗りの道でもあったのである。

綱引き合戦は一九八七（昭和六十二）年から始められ、二〇一四年で二十八回を数えている。双方の商工会青年部から十五名（男十二名、女三名）を選出して腕を競うというもので、対戦成績は信州軍の十五勝十三敗。つまり、これまでの二十八年間で信州の国境が二メートル広がったのである。兵越峠から太平洋岸までは約六十五キロメートル。ということは信州軍が連戦連勝しても、国境が太平洋まで到達するに六万五千年を要する計算になる。気の遠くなるような話だが、ロマンがあって面白いイベントだと好評で、年々盛大になってきている。信州軍は「太平洋を信州に」、遠州軍は「諏訪湖を遠州に」を合言葉にして練習に励んでいるという。そもそも国境は歴史的に見ても、国境を挟んだ両国の力関係で決まるケースが少なくなかった。それを再現しているような催しである。

過疎に悩む両地域。町興《おこ》し、村興しの一貫としてはじめられた綱引き合戦だが、これが縁で両地域の絆がより深くなればこのイベントも大成功といえるだろう。現在の秋葉街道（国道152号）の県境付近は、いまだに自動車通行不能区間になっている。道路整備を早急に進め、両地域がより密接に結ばれることが期待されている。

10 有料道路無料化で県境が確定

未定だった乗鞍岳山上の県境が、スカイライン移管とともに確定された

有料道路は償還期間を過ぎると無料開放されるのが普通だ。日本一の高地を走る道路として知られる乗鞍スカイラインも、二〇〇三（平成十五）年五月に無料になり、岐阜県道路公社から移管されて「岐阜県道五号乗鞍公園線」の一部になった。乗鞍スカイラインは乗鞍岳北麓の平湯峠を起点とし、乗鞍岳山頂近くの畳平（標高二七〇二メートル）までの全長十四・四キロ。一九七三（昭和四十八）年七月に開通した山岳観光道路である。

道路のほとんどの区間は岐阜県内を通っているが、一部だけ長野県にまたがっている。しかも、その近くには県境未定地があり、ちょうどそこを乗鞍スカイラインが走り抜けている。ところが無料開放された途端に、境界が未確定であった部分の県境が確定したというから不思議だ。

乗鞍スカイラインは山岳風景がすばらしく、動植物の宝庫として知られ、この地方屈指の観光ポイントとして訪れる人が多い。だが、初めから観光道路として建設されたものではな

い。開通した当初は軍用道路だった。第二次世界大戦のさなかに陸軍航空本部が、航空エンジンの高地実験をするため、畳平に乗鞍航空実験所を建設した。その施設までの道路が、現在の乗鞍スカイラインなのである。

この軍用道路も戦後は岐阜県道となり、登山バスが運行されるようになって、にわかに観光道路として脚光を浴びるようになってきた。昭和四十年代になると岐阜県道路公社がこの道路の拡幅工事に着手し、一九七三（昭和四十八）年七月、乗鞍スカイラインとして開通させた。だが、知ってか知らずか、ちょうど県境未定地になっている区域も通っている。県境未定地は畳平の手前一キロほどの、桔梗ヶ原付近に約七百メートル存在していた。なぜこの区間だけが県境未定地になっているのかは定かではないが、おそらく、なだらかな地形で尾根が明確でなかったため、境界も曖昧だったものとみられる。

県境未定地があることは決して好ましいことではない。そこで昭和三十年代に入って、岐阜県丹生川村《にゅうかわ》（現・高山市）と長野県安曇村《あずみ》（現・松本市）との間でしばしば協議が重ねられた。しかし解決には至らなかった。この地域は国有林のため利害が生じるおそれはない。したがって、急いで県境を確定させて後々までシコリを残すより、このままにしておいたほうがよいと判断したのだろう。

しかし、二〇〇二（平成十四）年に乗鞍スカイラインが償還期限を迎え、岐阜県道路公社

II－10．乗鞍岳の県境未定地

から県に移管され、翌年から無料解放されることになった。県の管轄になったことで、これからは道路台帳の正確性が求められる。そこで丹生川村と安曇村の両村長が協議し、翌二〇〇三年九月に境界確定の測量が実施された。特に県境をめぐる対立もなく、協議はいたってスムーズに進み、安曇村側の路肩を県境とすることで合意した。結果的には、それまでの暫定的な境界線の当時と比べ、岐阜県側の面積が一・六八平方キロ減ってしまうことになったが、平成の大合併で両村がそれぞれ高山市と松本市に編入されるため、その前に県境を確定しておきたかったという事情もある。翌年十月には県境確定の調印式が行なわれ、十一月、正式に県境が確定したのである。

乗鞍スカイラインの償還がもっと先だったら、おそらく県境は現在でも未確定のままだったに違いない。もし道州制が導入されるようなことがあれば、岐阜県と長野県の県境がそのまま州境になる可能性が高いので、その前に県境が確定したことは幸いだったといえる。

11

秋田と山形の県境はなぜ不自然に歪曲している?

領地をめぐる鳥海山《ちょうかいさん》の山頂争奪戦

鳥海山は秋田と山形の県境にそびえる鳥海火山帯の主峰で、標高は二千二百三十六メートル。東北きっての名峰として名高く、その秀麗な山容から出羽富士とも、秋田富士とも称されている。海岸近くにそびえる独立峰のため、山頂からの眺めは息を呑むようなすばらしさ。北に岩木山（津軽富士）、南に吾妻・朝日連峰、東には栗駒山がそびえ、西には日本海上に浮かぶ飛島《とびしま》を望む。晴れた日には日本海に映る「影鳥海」も見ものである。

鳥海山の山頂は、てっきり秋田と山形の県境にあるものと思っていたら、それが大違いなのである。県境は鳥海山の山腹に差し掛かると、山頂を避けるかのように秋田県側に大きく食い込んでいる。地形から見ても県境はいかにも不自然であり、これには何か深いわけがあるとしか思えないのだ。

国境は本来、降った雨がどちら側に流れるかの分水嶺によって決められているのが普通だろう。したがって、国境を引き継ぐ形で定められた県境には、山脈が横たわり、山々がそびえている。これが県境（国境）のごく自然な形といえる。したがって、本来なら羽後（秋田）と羽前（山形）の国境も、鳥海山の山頂を通っていなければならない。それがなぜ、鳥海山の中腹付近で大きく秋田県側に歪曲しているのか。これには鳥海山の山頂をめぐる、宗教上の争いが繰り広げられてきたという歴史があったのだ。

鳥海山の山頂には、五穀豊穣《ごこくほうじょう》の神として崇拝されてきた出羽国一宮の大物忌《おおものいみ》神社が鎮座している。鳥海山は古くは出羽三山のひとつに数えられる信仰の山だったのである。山麓の各地で修験道《しゅげんどう》が発達し、山頂には薬師如来が祀《まつ》られた。やがて羽後の矢島《やしま》地方で発達した宗派と、羽前の庄内地方で発達した宗派が主導権をかけて対立するようになり、山頂の争奪戦にまで発展。江戸時代に入っても両派の対立は鎮まらず、領主の支配権をめぐる問題も絡み合って、争いはますますエスカレートしていった。

一七〇一（元禄十四）年には、山頂の社殿の建て替えにあたって双方の対立は一層深刻なものになった。これを収拾するため、幕府の寺社奉行の裁定を仰ぐことになり、幕府による実地検分も行われた。実地検分の焦点になったのが、火山噴火によって消失したとされている薬師寺がどの位置に建っていたかということである。庄内藩側が主張する場所を発掘した結果、社殿の焼け跡であったことが認められた。しかし、これは事前に庄内藩側が材木の灰などを埋めて、あたかもそこが薬師寺の焼失後であったがごとく小細工したともいわれてい

Ⅱ－11. 鳥海山の山頂争奪戦

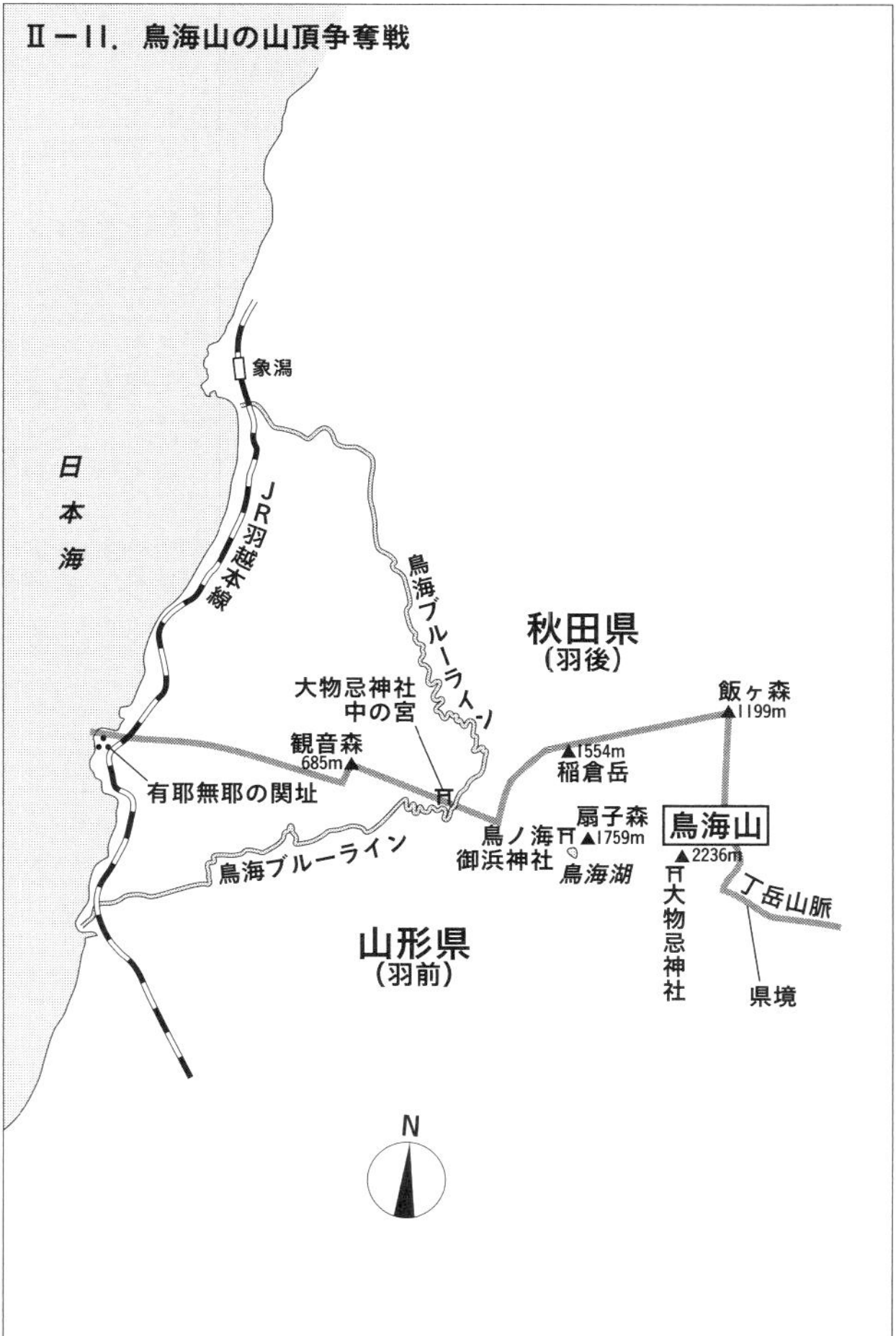

る。当時の矢島藩は一万石に満たない小名に対して、庄内藩は十四万石の大名であった。したがって結果ははじめから見えていたといってもよい。案の定、国境は鳥海山の北側の七合目付近を通るという、矢島藩にきわめて不利なものになった。このように、宗教上の争いから両藩の領地をめぐる支配権にまで発展した鳥海山の争奪戦は、庄内藩が勝利し矢島藩は涙を呑むことになった。こうして鳥海山の山頂は庄内藩（山形）が手に入れた。県境が極めて不自然な形になっているのは、このような理由があったからである。

12 西東京市は埼玉県だった?

練馬区の大泉地区、北区の浮間地区も埼玉県だった

東京の三多摩地区が、神奈川県から編入されたものであることは前にも紹介した通りだが、三多摩地区の一部だと思われていた西東京市は、かつては埼玉県に属していた歴史をもつ。西東京市は二〇〇一(平成十三)年一月、練馬区に隣接する保谷《ほうや》市と、その西隣にある田無《たなし》市が合併して誕生した都市だが、東京のブランド力にあやかってあまりにも安易につけられた市名だとして、世間の激しい非難を浴びたことはまだ記憶に新しい。

西東京市のうちの保谷市の区域が、実は明治の終わりごろまで埼玉県に属していたのだ。保谷市は一八八九(明治二十二)年の市制・町村制が施行された際に、埼玉県新座《にいざ》郡保谷村として発足した。地図を見れば分かるように、保谷市(当時は保谷村)が埼玉県だった時代は、まるで半島のように東京府に深く食い込んでいた。そのため交通はもちろん、行政運営にも支障をきたした。どうみても、保谷村が埼玉県であることは不合理である。保谷村の村長らは東京府への編入を陳情。それが認められて一九〇七(明治四十)年、東京府北多摩郡

に移管された。

保谷市に隣接している練馬区の大泉地区も、もとは埼玉県の一部だった。埼玉県新座郡小《こ》榑《ぐれ》村と橋戸村が東京府に編入され、北豊島郡大泉村として生まれ変わった。それが現在は文教地区としてすっかり人気のエリアになっている練馬区の大泉地区である。

このほかにも、東京にはかつて埼玉県の管轄だった地域がある。東京都北区の浮間《うきま》地区だ。浮間は荒川と新河岸《しんがし》川に挟まれた沖積《ちゅうせき》低地で、桜草の名所として知られていた。田山花袋の『東京近郊一日の行楽』でも紹介されている。その浮間が大正末期まで、埼玉県北足立郡横曽根村の一部だったのである。

浮間付近で荒川が大きく蛇行していたため、大雨が降るたびに洪水の被害に見舞われた。そこで荒川の改修工事が行われることになり、荒川に岩渕水門が建設されて新たな放水路（今の荒川）が開削された。ところが新流路ができたことにより、横曽根村の浮間地区だけが村の本体から分断されてしまい、住民の生活が脅かされるようになった。役場へはもちろん、児童たちが学校へ通うにも渡船に頼らざるを得なくなり、降雨時には危険にさらされる。このままでは住民の安全な生活が守れないとして、埼玉県の横曽根村長と東京府の岩渕町長の連名で、岩渕町への編入を申請。それが認められて一九二六（大正十五）年十月、浮間地区は旧荒川の対岸にある岩渕町に編入された。現在は埼京線が通じ、住宅地として発展してい

Ⅱ−12. 埼玉県だった西東京市の旧保谷市地区と北区浮間

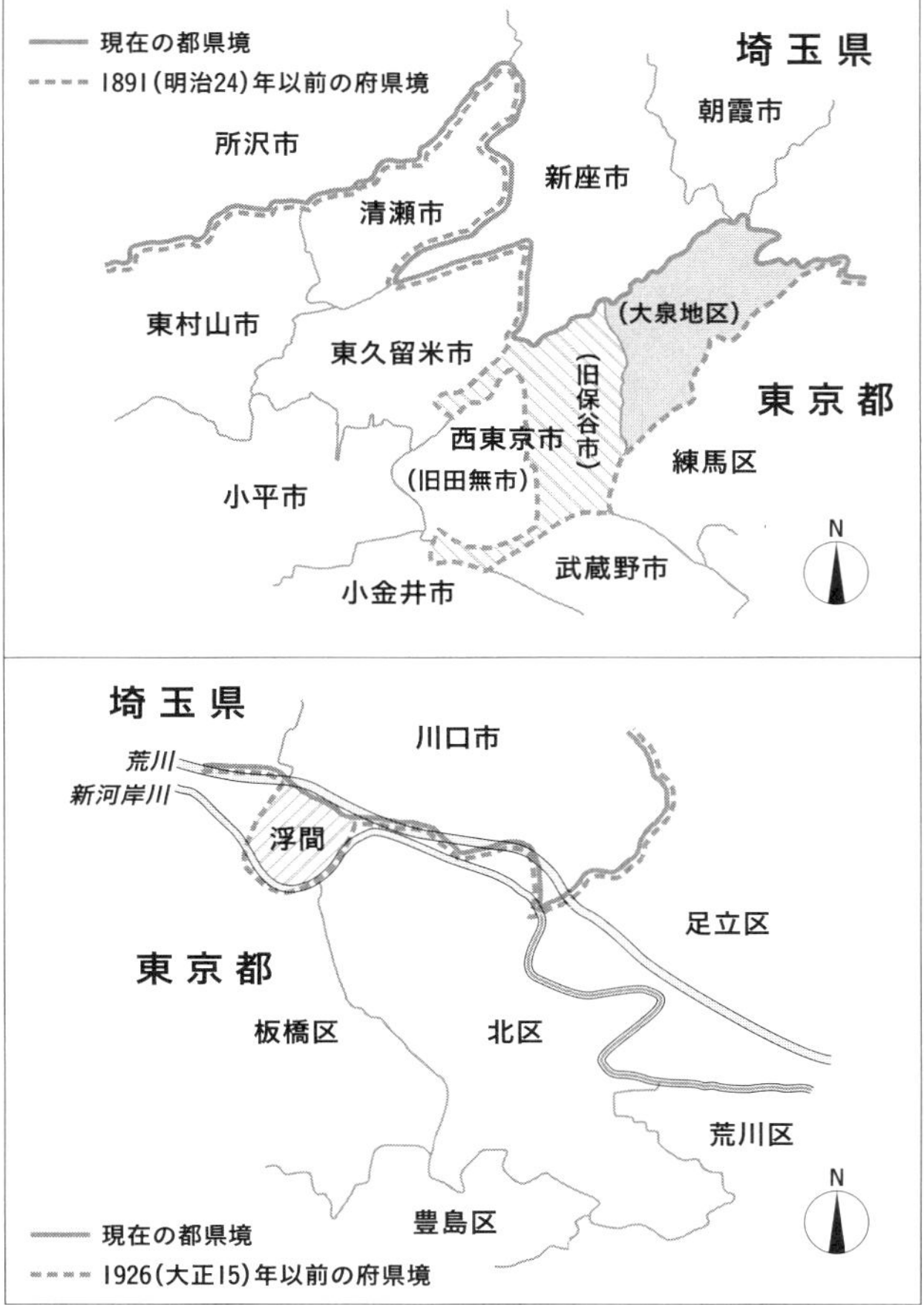

る北区の浮間地区も、かつては埼玉県だったのである。

ちなみに埼玉県入間郡の旧元狭山村も一九五八（昭和三十三）年、村が分断されて約三分の二が東京都瑞穂町に越県合併している。埼玉県に残った三分の一は現在の入間市。瑞穂町と入間市の双方にある「二本木」という地名が当時の名残である。

III

なぜそこに
県境がある？

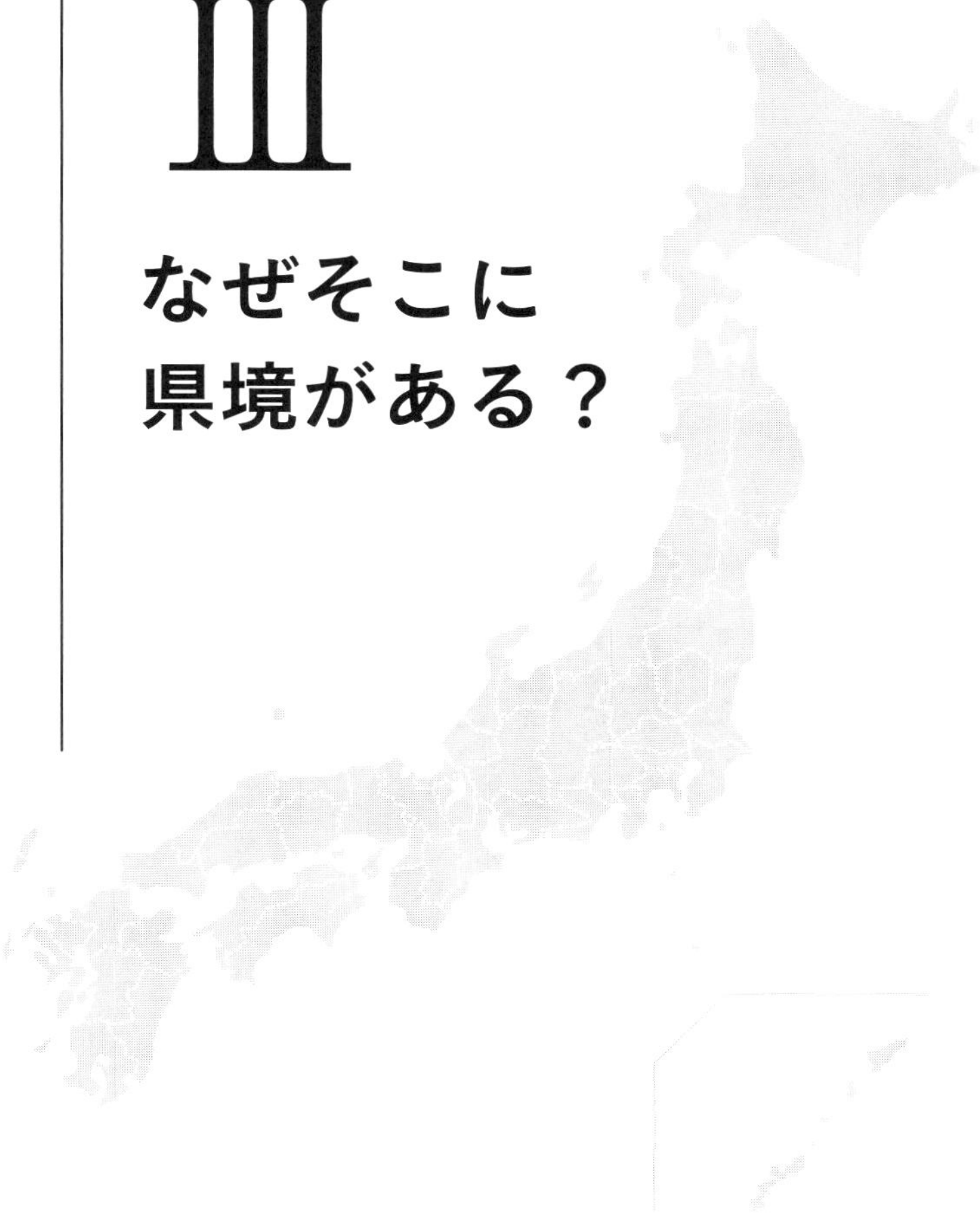

年六月に施行された新市町村建設促進法の施行が、この合併問題をあと押しする格好となり、一九五八（昭和三十三）年四月、大阪府高槻市と京都府樫田村は県境を越えて合併した。地方自治法が施行されて以来、全国で初めての越県合併である。

福井県と岐阜県とのあいだでも越県合併が成立している。一九五四（昭和二十九）年十一月、福井県大野郡の石徹白《いとしろ》、上穴馬《かみあなうま》、下穴馬《しもあなうま》の三村は、合併にいったんは同意したものの、交通上の問題を理由に石徹白村が離脱。石徹白村は岐阜県白鳥《しろとり》町（現・郡上《ぐじょう》市）との合併に傾いていった。というのも石徹白村は藩政時代、白鳥町と同じ郡上藩に属し、人情や風俗なども似通っている。交通の面でも、下穴馬村へ通じる唯一の県道は冬期には積雪で通行不能になり、檜峠を越えて白鳥町へ出るのが唯一の交通路でもあった。結婚の縁組でもほとんどが白鳥町方面との話である。

石徹白村議会では白鳥町に編入する議決が採択されたが、福井県はこれに断固反対。もし石徹白村が白鳥町と合併することになると、九頭竜川の水源が岐阜県に移ってしまい、福井（越前）平野の治水が守れなくなるという恐れがあったからである。奥越地区の開発にも支障をきたす。しかし、国は町村合併を促進させる必要からも、石徹白村を独立したまま残存させるより、白鳥町と合併させたほうがよいと判断し、新市町村建設促進中央審議会は越県合併を認めた。

Ⅲ－4．大阪府高槻市に編入した京都府樫田村

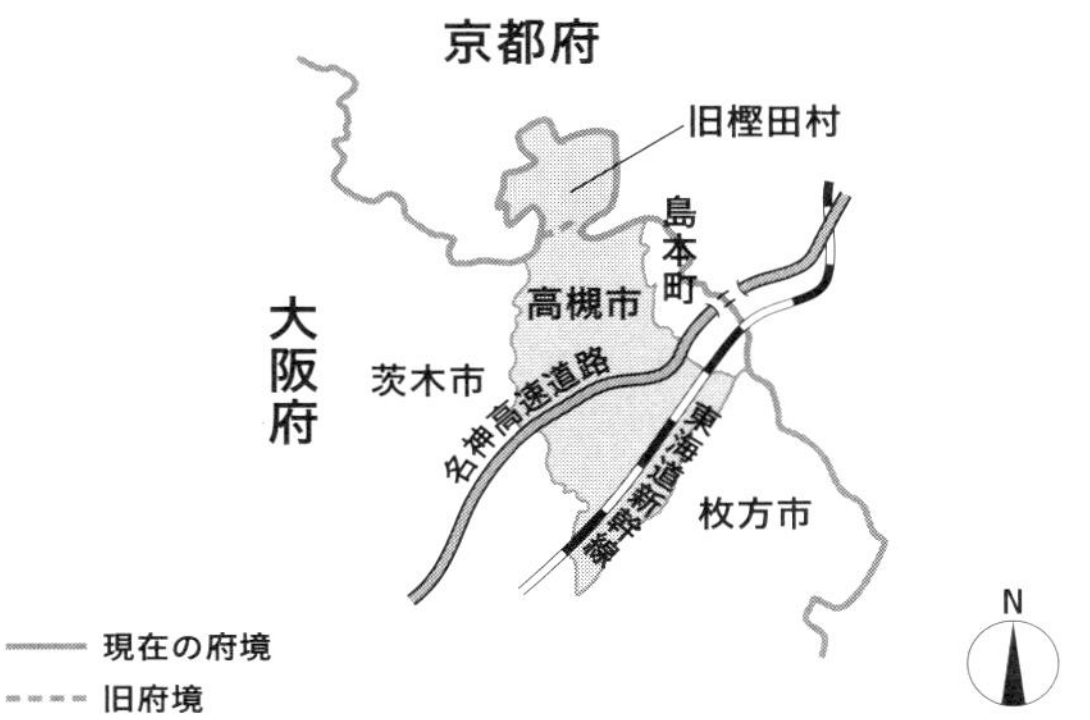

岐阜県白鳥町(現・郡上市)に編入した福井県石徹白村

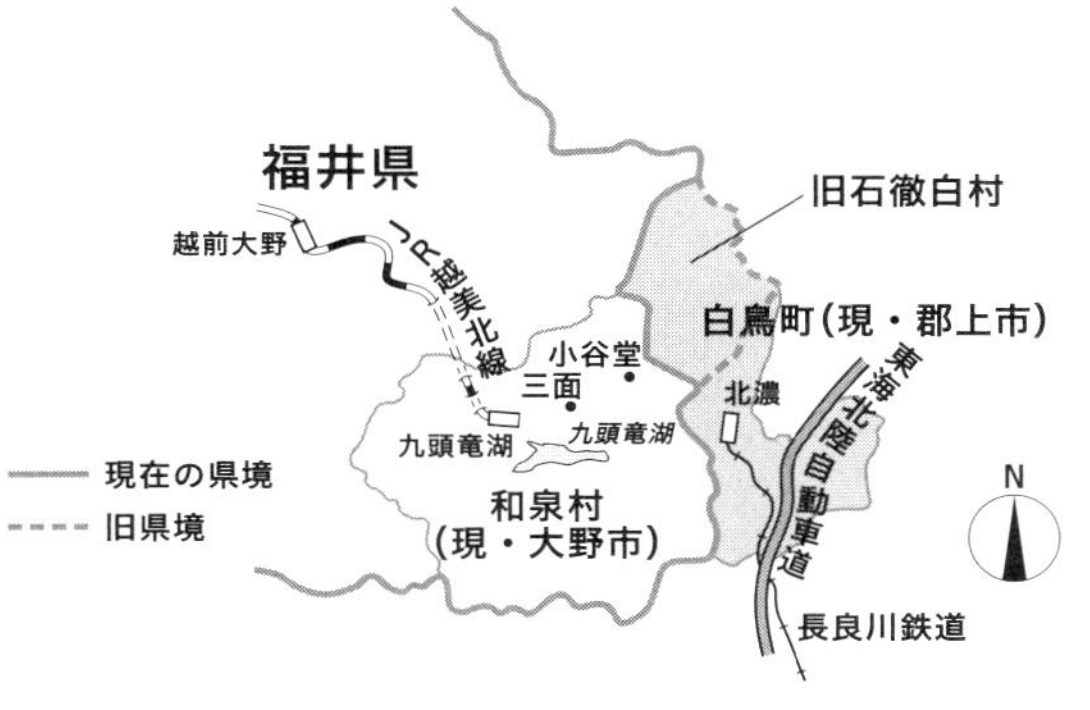

福井県はこの合併にはあくまでも反対の立場をとった。それを解決するため自治庁（のちの自治省、現・総務省）は裁定を下し、石徹白村の三面《さつら》、小谷堂の両地域を福井県に残して和泉村（現・大野市）に編入し、石徹白村の残りの地域を白鳥町に編入させるという折衷案で決着。一九五八（昭和三十三）年十月に越県合併は成立した。ひとつの村がふたつの県に分割されてしまったわけである。

石徹白スキー場は岐阜県側にある。石徹白川は県境を越えて福井県に向かい、九頭竜川に合流して日本海に注いでいる。

5 交換条件で成立した越県合併

栃木県のしたたかぶりに群馬県が涙をのむ

越県合併することによって、面積が増加する県側はその合併に賛成するだろうが、面積が減少する県はその合併に反対の立場をとるのが普通だ。人口も減るわけだから、財政面などで少なからず影響が出る。もしその合併を認めざるを得なくなった場合、交換条件を要求したとしても不思議なことではないだろう。栃木県と群馬県とのあいだで行われた越県合併は、交換条件で成立した典型的なケースだといえる。

栃木県の南西端にある菱村《ひしむら》は、桐生《きりゅう》川を挟んで群馬県桐生市と向かい合っていた。管轄の県は異なっていたものの、両地域は歴史的にみても極めて結びつきが強く、菱村住民の生活圏は桐生市にあった。そのため、菱村の住民は桐生市との合併を強く望んでいた。一九五三年に町村合併促進法が施行されると、菱村では桐生市との合併気運がいちだんと高まってきた。桐生市としてもそれを拒む理由はないし、むしろ両者が一体となったほうが財政基盤も強化できる。桐生市もこの合併には前向きであった。

Ⅲ－5．交換条件で成立した二ヵ所の越県合併

一九五七（昭和三十二）年十一月、桐生市と菱村の議会において合併原案が全会一致で可決され、関係書類を添えて群馬、栃木両県知事、自治庁長官に陳情書を提出するなど、合併に向けての手続きは順調に進んでいた。そして両市村の合併がいよいよ成立しようとしていたとき、栃木県足利市と群馬県矢場川村《やばがわむら》とのあいだでも、合併話が急浮上してきた。しかし、新市町村建設促進法が失効する間際であったため急を要した。手順通りに進めていたのでは、時間切れで合併を実現させることが難しくなる。

　そこで栃木県では、桐生市と菱村との合併を認める交換条件として、足利市と矢場川村の合併を認めさせようという妙

案を提示した。それに群馬県が納得できるはずはない。なにしろ桐生市と菱村が合併にこぎつけるまでには、並々ならぬ努力をしてきた。県としては地道な活動の成果であった。それなのに、栃木県は交換条件という安易な方法で足利市と矢場川村の合併を実現させようとしている。両者は譲らず、話合いは平行線をたどったが、自治庁当局がふたつの合併問題を同時に解決させるという方針に傾いていたため、群馬県としても認めざるを得なくなった。栃木県側の提案した交換条件が功を奏して、足利市と矢場川村の合併は、市町村建設促進法が失効する寸前に正式な手続きを済ませることに成功した。

こうして、一九五九（昭和三十四）年一月に栃木県菱村が群馬県桐生市へ編入、翌年七月に群馬県矢場川村の一部が栃木県足利市へ編入という、全国でも例をみない交換合併が成立したのである。

6 住居は福井県、裏庭は石川県

町のど真ん中を県境が走る越前吉崎と加賀吉崎

市街地が県境を跨いで連なっているところは、都市部ではしばしば見受けられる光景で決して珍しいものではないが、地方の小さな町の市街地のなかに県境が通っていて、しかも同じ地名が県境を挟んで隣り合わせにあるというところは、そうそう見られるものではない。ところが、福井と石川の県境にそれがあるのだ。

一四七一(文明三)年、比叡山延暦寺の迫害を受けて、京都から北陸に逃れてきた本願寺八世蓮如《れんにょ》が、浄土真宗の拠点として、風光明媚な北潟湖畔にそびえる小高い吉崎山に吉崎《よしざき》御《ご》坊《ぼう》を建立。御坊には北陸からばかりではなく、全国から多くの門徒が集まり、宿舎や門徒の宿坊などが建ち並ぶ一大寺内町を形成した。いまも吉崎には本願寺吉崎別院(東本願寺・西本願寺)、吉崎寺、吉崎御坊跡など多くの史跡が残り、北陸有数の観光名所になっている。

吉崎山がたまたま越前と加賀の国境近くに位置していたため、寺内町が国境を跨いで発展し、町の中に県境が通っているという不思議な光景を生み出すことになったのだ。福井県側

Ⅲ－6．越前国と加賀国に跨がる吉崎

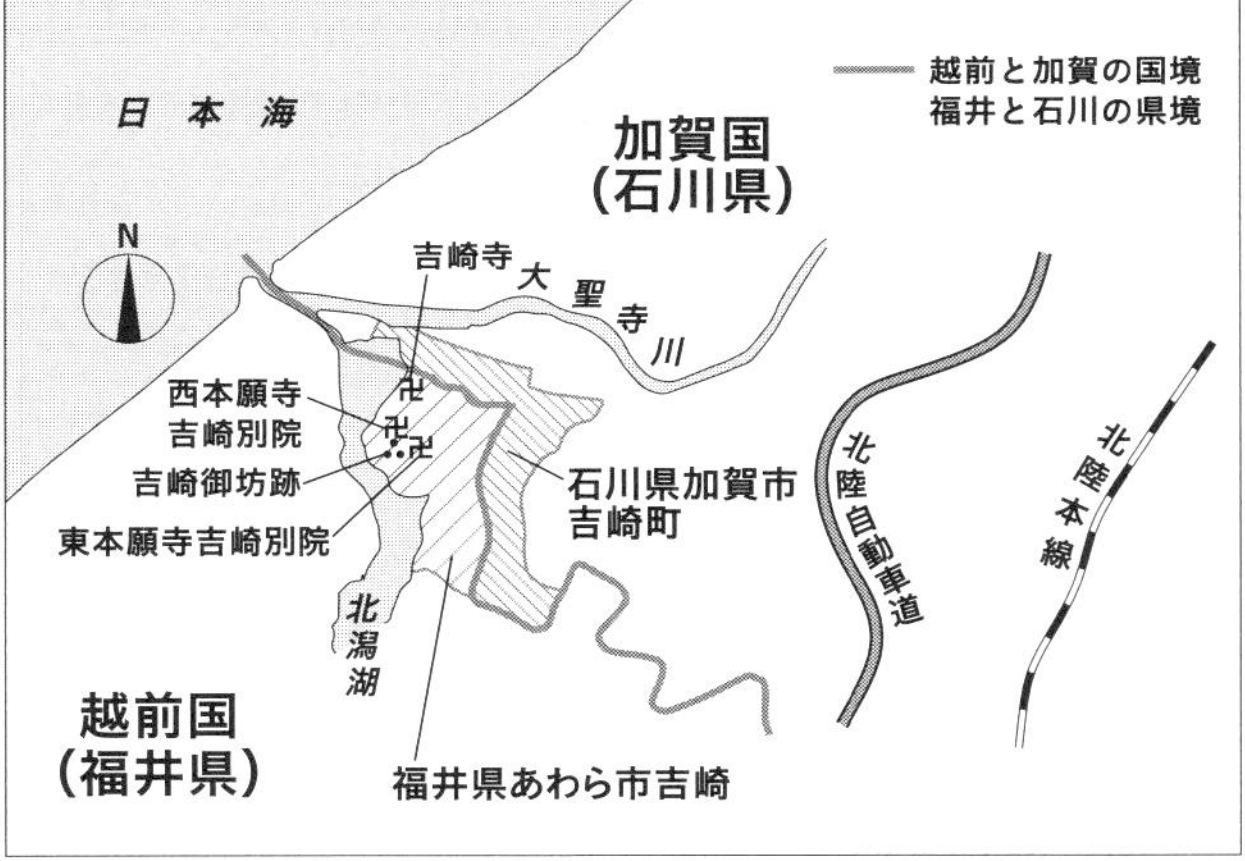

が「あわら市吉崎」、石川県側が「加賀市吉崎町」。実質的には県境を挟んだひとつの町である。現在の県境が正式に決められたのは一八八四（明治十七）年十月。県境が決められる原因となったのは、明治の初め頃に発生した漁民同士の争いである。

加賀吉崎の漁師が湖に生《い》け簀《す》を仕掛けて、北潟湖に遡《そ》上《じょう》してくる鮭を獲っているところを、越前の漁師に見つかって争いとなった。これが原因で、それまで境界が未定であった北潟湖に両県の境界が定められることになり、ときの内務卿山県有朋の裁定により現在の県境が決定した。吉崎の町のなかに正式な県境が引かれたのもこのときである。

県境を定めるにあたっては並々ならぬ苦労があったであろうことが、複雑に入り組んだ県境から察することができる。隣同士の家でありながら管轄県が違うというのは珍しいことではなく、住居は福井県なのに裏庭や納屋が石川県だという民家もあった。市街地の中の道路上に、県境の目印がつけられたりもした。また、同じ並びの家でもすぐ隣の家とはしきたりや風習が異なり、方言にも微妙な違いがみられるほどであった。

しかし、現在では小学校はあわら市へ、中学校は加賀市に通う生徒がいたりするなど、両地域は行政面でも密接な関係にあるため同化が進み、方言や風習など、違いはほとんど見られなくなっているという。

7 県境に建つ旅館、県境に建つ神社

温泉がふたつ、宮司がふたり

九州の阿蘇山北麓に、県境に建っていることを売り物にした温泉旅館がある。筑後川支流の杖立《つえだて》川沿いある杖立温泉の「杖立観光ホテルひぜん屋」がそれ。江戸時代の開業という老舗旅館である。だが、旅館が建っているところに、あとから県境が引かれたのではなく、県境があることを承知の上で旅館が増築され、熊本と大分の両県に跨った、全国でもここにしかないという珍しい温泉旅館が誕生したのである。

県境になっている杖立川を廊下が跨ぎ、その真ん中を県境が横切っている。廊下には県境の目印もつけてあるので、これは面白いと観光客にも好評である。客室、浴場ともに杖立川を挟んで両県にあり、熊本県と大分県の温泉を同時に楽しんでもらうという趣向だ。ただ、固定資産税は広さに応じて両県に納めなければならないし、営業許可は両県から取得している。また、消防署や保健所の手続きは両県別々にするという煩わしさもある。しかし、それを存分にカバーできるだけの宣伝効果がありそうだ。

県境に建っているのは旅館ばかりではない。茨城県と栃木県の県境にそびえる鷲子《とりのこ》山の山頂に鎮座する鷲子山上神社は、八〇七（大同二）年創建の古社。別名を「フクロウの神社」といい、天日鷲命《あめのひわしのみこと》という幸福を呼ぶ鳥の神を祀る神社として、古くから信仰を集めている。社務所から拝殿まで96段の石段があり、「96」は「苦労」と読める。この石段を往復すると「96×2」で「不苦労」になる。つまり幸せになれるというわけである。

この神社が県境にある神社として名を売っている。本殿ばかりではなく、拝殿も幣殿も二〇〇七（平成一九）年に再建された朱色の大鳥居も、栃木県那珂川《なかがわ》町と茨城県常陸大宮《ひたちおおみや》市の県境に建っているのだ。そのため社務所も二ヵ所あり、宮司もふたりいる。本殿は一七八八（天明八）年再建の三間社流造の銅板葺で、彫刻も彩色も施された立派なもの。両県の文化財にも指定されている。

県境に建つ神社はほかにもある。長野と群馬の県境にある、その名も「峠」という正真正銘の峠（標高千百九十五メートル）にも、鎌倉時代に創建された古社がある。県境がこの神社の本殿と赤い鳥居の中央に通っているのだ。ここにも宮司はふたりおり、賽銭箱も別々に設置されている。群馬県側（安中市）が熊野神社、長野県側（軽井沢町）が熊野皇大神社と名前は違うが、同じひとつの神社なのである。

県境に神社が建っているというのは確かに珍しいには違いないが、考えてみればそれほど不思議がることでもないだろう。というのも、県境には山がそびえていることが多く、山頂が県境になっているというのが常識だからである。神が宿るとされている山の頂に神社が建立されることは格別驚くことではない。ちょうど本殿などの真ん中に県境が通っているのは、県境紛争を考慮して建立されているのか、神社の真ん中を通るようにあとから正式に県境が定められたのだろうと考えられる。

8 日本一大きい飛び地はなぜできた?

県境を越えた和歌山県の飛び地

全国にある飛び地のほとんどは、同一県内の市町村の飛び地である。しかし、稀に県境を越えた飛び地も存在する。和歌山、奈良、三重の三県の県境が交わるところに、峡谷美で有名な瀞峡《どろきょう》があるが、その近くに和歌山県の飛び地がふたつある。東牟婁《ひがしむろ》郡の北山村と熊野川町（現・新宮市）の一部が、奈良県と三重県に挟まれた格好で、和歌山県の本体から飛び出してしまっているのだ。なかでも北山村は、村の全域がそっくり飛び地になっているという全国で唯一のきわめて珍しい例だ。面積も飛び地としては日本一の広さ（四十八・二平方キロで練馬区とほぼ同じ）である。

では、なぜこのような飛び地が生まれたのか。これには諸説あるが、原因を突き止めるには廃藩置県までさかのぼらなければならない。一八七一（明治四）年七月十四日、和歌山藩、田辺藩、新宮藩がそれぞれ和歌山県、田辺県、新宮県となり、同年十一月二十二日に三県を統合した和歌山県が成立した。同じ日にお隣でも、大和国一国を管轄する奈良県が誕生し、

Ⅲ－8．日本一大きい和歌山県の飛び地

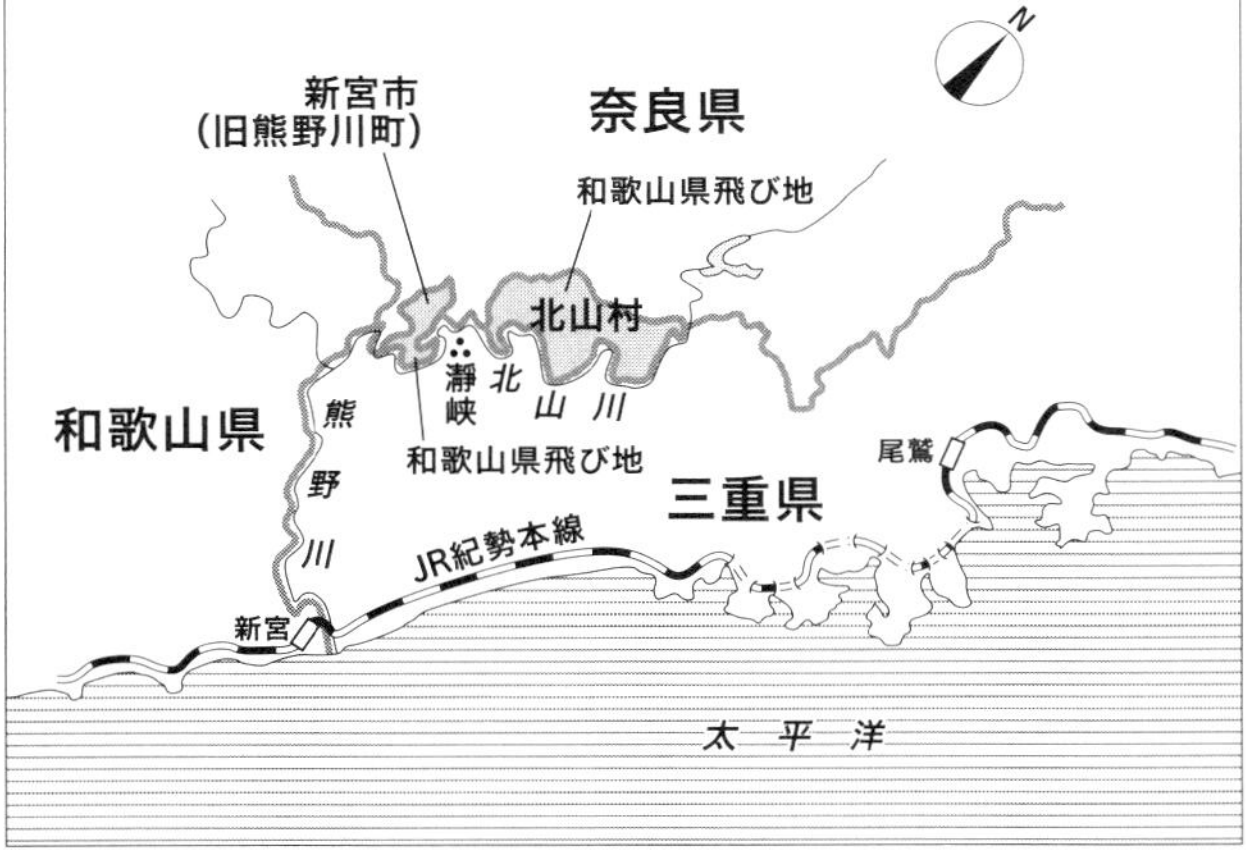

紀伊と大和の国境が県境に定められた。ところが、現在の三重県南部を領域とする度会《わたらい》県と、奈良、和歌山との県境は旧国の境界ではなく、北山川および熊野川（新宮川）に定められたのである。

　これにより、旧新宮県は熊野川で和歌山県と度会県に分割されることになった。つまり、紀伊国の一部が度会県に持っていかれてしまったのである。これが飛び地をつくる原因になった。政府は紀伊と大和の国境と、北山川および熊野川の流れとは完全に一致していると思っていたらしい。ところが両者には多少のズレがあった。そのため、奈良と和歌山の県境（旧国境）と、奈良と度会との県境に定められた北山川とのあいだに、和歌山県の飛び地が発生することになった。政府が行政区域の編成作業を進めていく過程で、旧国境と北山川の流れが一致していないことを見落としたのだろうと思われる。政府が故意に飛び地をつくったわけではないのである。

飛び地になれば、そこに住んでいる住民たちは不便を強いられることは目に見えていた。本来であれば、この時点で飛び地になった北山村および熊野川町の一部は奈良県に編入すべきだったのだろう。しかし、住民たちはそれを望まなかった。飛び地になった地域は熊野杉の産地として知られ、産出したスギを筏《いかだ》に組んで河口の和歌山県新宮市に輸送していた。新宮市とは、古くから経済的に強く結ばれていたのである。そのため、たとえ飛び地の不便さはあっても、隣接する奈良県への編入を拒み、現在まで和歌山県であり続けたのだろうと思われる。

9 幕藩体制が飛び地を生んだ

埼玉県と神奈川県にある東京都の飛び地

飛び地とは、自治体の一部分が別の自治体のなかに、まるで離れ小島のように飛び離れて存在する陸地をいい、海上や湖上に浮かんでいる島は飛び地とはいわない。また、河川で自治体の一部が分断されて対岸にある場合も、飛び地としては扱わないのが普通である。それらを除いても、日本全国にはまだまだ数多くの飛び地がある。

そもそも飛び地が生まれた最大の原因は、幕藩体制にあったといってもいいようだ。藩政時代は、各藩の領地が大名の功績などによって私有財産として与えられていたため、藩の飛び地がいたるところに存在していた。それら諸藩の領地が廃藩置県により県に統合された際、政府は中央集権体制を確立するためにも、行政運営をしやすいように飛び地を極力なくす方向で編成作業を行ったはずである。しかし、各地域の利害やしがらみ、慣習の違いなどもあり、定規で線引きするようなわけにはいかなかった。また、その職務にあたった政府の役人が、諸藩の飛び地を見落としたことも充分考えられる。要するに、藩政時代の領地の名残が、現在でも飛び地として残っていると考えるのが妥当だろう。

飛び地が県境を飛び越えている例も見られる。栃木県足利市の飛び地が群馬県邑楽町《おうら》にあったり、埼玉県深谷市の飛び地が群馬県伊勢崎市にあったりもする。熊本県荒尾市の飛び地は、福岡県大牟田市《おおむた》に三ヵ所もある。しかし、これらの飛び地は詳細な地図でもなければ確認できないほど小さいものばかり。和歌山県の北山村や新宮市(旧・熊野川町)のような大きな飛び地は例外である。

東京都の飛び地も、埼玉県新座市と神奈川県川崎市多摩区にある。新座市にある飛び地は練馬区西大泉の一部で、面積はわずか千八百五十九平方メートル(約五百六十三坪)しかなく、都県境から三十メートルあまりしか離れていない。一九七四(昭和四十九)年の宅地開発の際に飛び地であることが判明したものだという。飛び地には十数名が住んでいるが、上下水道は新座市からサービスを受け、住民税や固定資産税は練馬区へ納めるというように複雑だ。いっそのこと新座市に編入したほうが行政にも支障をきたさないと思うのだが、「東京」というブランドが魅力らしく、なかなか新座市への編入には応じないという。

東京都のもうひとつの飛び地は、稲城市の一部が川崎市多摩区の読売ランドの一角にある。練馬区の飛び地よりもさらに小さくて一千平方メートルにも満たない。ここに民家はないが、読売巨人軍の室内練習場が都県境を跨いで建っている。この室内練習場が飛び地の中にそっ

Ⅲ－9．都道府県境を越えるおもな飛び地

（　　）内は飛び地の所在地

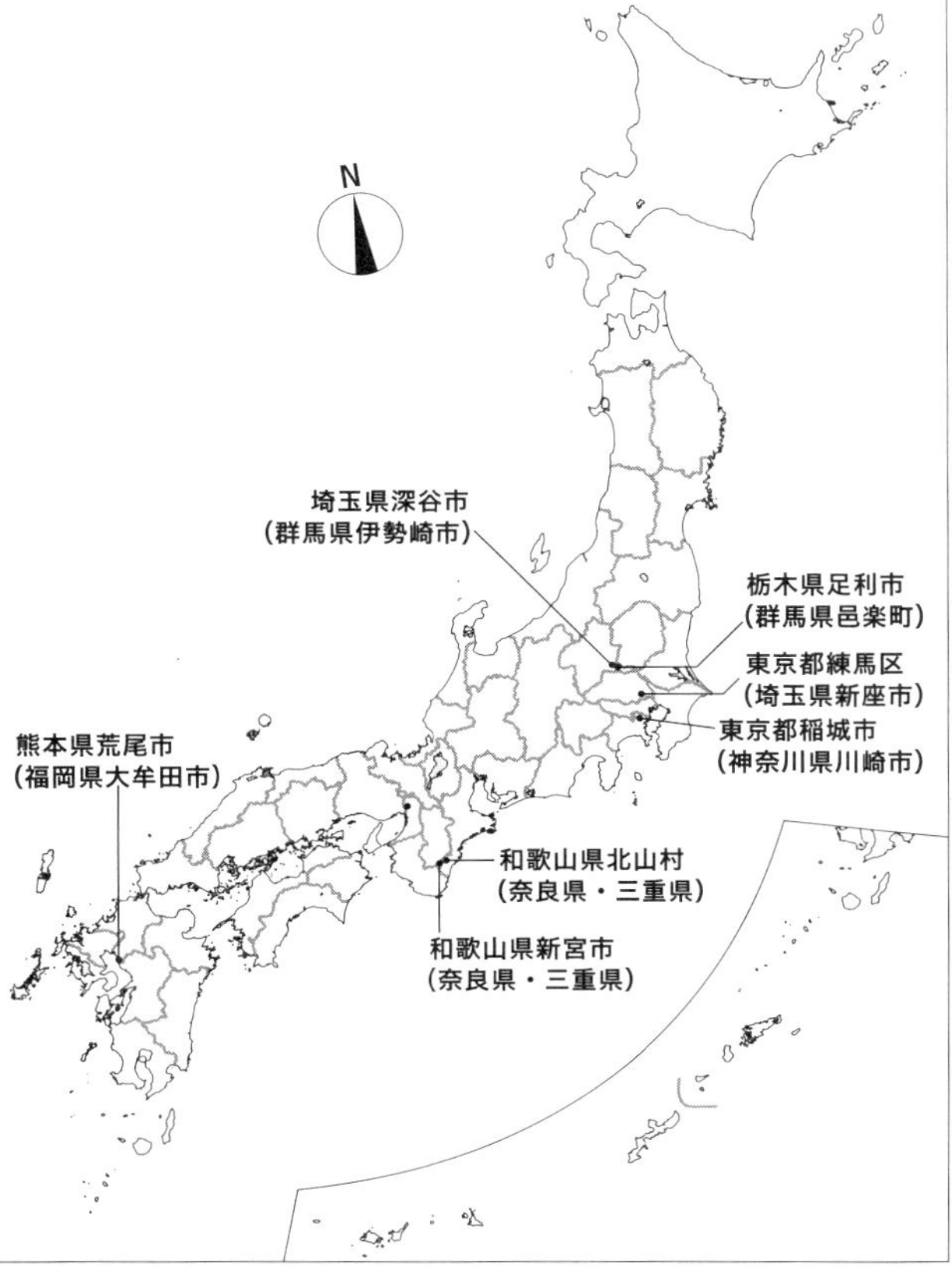

くり建っていればなんら問題はなかったが、県境をまたいでいたことから厄介な事件が発生したことがある。室内練習場の川崎市側の窓から侵入して、稲城市にあるロッカールームからグラブが盗まれたのである。警視庁と神奈川県警が同時に出動し、一時は現場が騒然となったという。

市町村の飛び地で目をひくのが、広島県大竹市の飛び地だろうか。なにしろ、隣の廿日市《はつかいち》市の中に大竹市の飛び地が十一ヵ所もある。このほかにも、市町村の飛び地で珍しいものはたくさんある。

10 利根川の北になぜ千葉県がある?

利根川の氾濫《はんらん》が県境を変更させた

茨城県と千葉県はおおむね利根川を県境としている。しかし、利根川の北側（左岸）に千葉県があったり、南側（右岸）に茨城県があったりする。なぜなのだろうか。これは、現在の茨城県南部と千葉県北部を県域としていた新治《にいはる》県が一八七五（明治八）年五月に廃止されて、茨城と千葉の両県に分割されたことに関係がある。それに利根川の氾濫も大きな原因だろう。利根川が両県の県境になったとはいえ、下流域では郡境や町村境が県境とされたため、利根川の北側にも千葉県が存在することになった。実はこの利根川北側の地域が、千葉県には重荷になっていたのである。

一八八五（明治十八）年七月の大雨で、千葉県押砂村（現・茨城県稲敷市）の堤防が決壊したため、利根川北岸流域に甚大な被害をおよぼした。この堤防の修築工事には多額の費用を要する。だが、この工事によって利益を受けるのは千葉県民ではなく、むしろ茨城県民なのだ。そのため、利根川の北岸地域を茨城県に管轄換えすべきだという意見が急浮上。それに反対する住民とのあいだで激しい攻防が繰り広げられることになった。

茨城県へ移管したほうが工事費は節約でき、県民の税負担も軽減される。また、利根川の北側と南側の住民とは人情、風俗を異にしていると主張する移管賛成派に対し、反対派は、護岸工事は着々と進んでおり、それが完了すれば洪水の被害は解消される。それに利根川を挟んだ両地域は昔から深いつながりがあるため分断すべきでないと主張。一方の茨城県側は受け入れに積極的であったため、移管賛成派が優位に立っていたが、反対派の巻き返しも激しく、予断を許さない情勢が続いた。両派は一歩も譲らず平行線をたどったため、茨城県への移管運動が起きてから、十年以上経過してもなお決着がつかなかった。一八九七（明治三十）年三月には「千葉県茨城県境界変更法律案」が衆議院を通過したものの、貴族院で否決されて一時棚上げとなる始末だ。

しかし、その後も茨城県への移管運動は続けられた。そこで紛争を早期に解決するため、県境を横利根川とする修正案を政府が提出したことにより両派は歩み寄り、この法案はやっと可決される運びとなった。茨城県への移管は一八九九（明治三十二）年四月に実施された。これにより、利根川の北側、横利根川の西側の地域が茨城県に編入され、横利根川の東側の地域は千葉県に残ることになった。

このほかの地域で、たとえば茨城県取手市の一部が利根川の南側に飛び地状態になってい

Ⅲ－10. 茨城県に編入された千葉県(利根川の北側)

るのは、利根川の氾濫を防ぐための直線化工事によって生じたものである。取手市の小堀地区は、利根川南岸の千葉県我孫子市側に取り残されているのだ。小堀地区を我孫子市へ編入するという案が持ち上がったこともあるが、小堀地区の住民はそれを拒んでいる。長年築いてきた経済的、文化的なつながりを断ちたくないというのである。直線化工事で利根川の南側に取り残されてしまった茨城県生坂村出津地区（現・千葉県印旛郡栄町）は、一九五四（昭和二十九）年、千葉県に編入された。

11 福岡と佐賀の県境はなぜ複雑か？

蛇行する川の流れがそのまま県境に

筑後川は全長百四十三キロメートルの九州一の大河で、古くは「一夜川」の異名を持つ暴れ川として知られていた。一五七六（天正四）年から一八六七（慶応三）年までの二百九十年余りに発生した河川の氾濫《はんらん》は百六十六回にものぼり、そのつど、流域に大きな被害を出したという記録が残っている。下流で激しく蛇行していたのが原因で、そのため江戸から明治にかけて、堤防の築造と蛇行の直線化が幾度となく行われ、現在の姿になった。

福岡県（筑後国）と佐賀県（肥前国）の県境は筑後川を何度も横切っているが、その県境がそのまま筑後川の旧流路だといってもいいだろう。それほど筑後川の蛇行が激しかったということである。しかし江戸時代には、川の流れのどの位置が筑後と肥前の国境になっていたのか正確に定まっていなかったため、領土をめぐる紛争がしばしば発生した。

そこで、国境を決めるのに運を天に任せたという面白い話がある。筑後川の河口に大きな中洲がある。その中洲はひとつの島になっているが、北側は大野島、南側は大詫間《おおだくま》島と名前が違う。同じ島なのになぜふたつの名前がつけられているのか不思議だが、これには深い理由があるのだ。

島のあたりは、かつて海だった。だが、上流から流されてくる土砂が堆積して水深は極めて浅い。川底に木の枝が引っかかり、それに土砂が遮られて、天文年間（一五三二〜五四年）にひとつの中洲が生まれた。そして天正年間（一五七三〜九一年）にはふたつ目の中州が形成された。中洲は次第に大きくなって利用価値も出てきたため、筑後の柳河藩と肥前の佐嘉藩とのあいだで国境線をめぐるトラブルが発生するようになった。だが、話し合いで解決できそうもなかったため、神意で国境を決めようということになり、千栗《ちりく》八幡宮の神幣《しんぺい》を柴に結び付けて、これを筑後川に流した。その流路を国境にしようというのである。

この柴は、初めは大野島の右岸に沿って流れ、そこから進路を左に変えた。そして大詫間島とのあいだを通り抜けて、大詫間島の左岸を流れ下っていった。これにより大野島は筑後領に、大詫間島は肥前領となった。この流路が現在の福岡と佐賀の県境になっている。

大野島と大詫間島のあいだの水路は、船舶の通路として利用されてきたが、上流からの土砂が堆積して、やがてふたつの島はつながってしまった。中州に県境が走っているのは、このような理由からである。中州は両藩によって盛んに干拓されたため、現在では幅が広いところでは二・五キロメートル、長さ七キロメートルあまりもある大きな島になっている。大

Ⅲ－11．筑後川下流の屈曲した県境

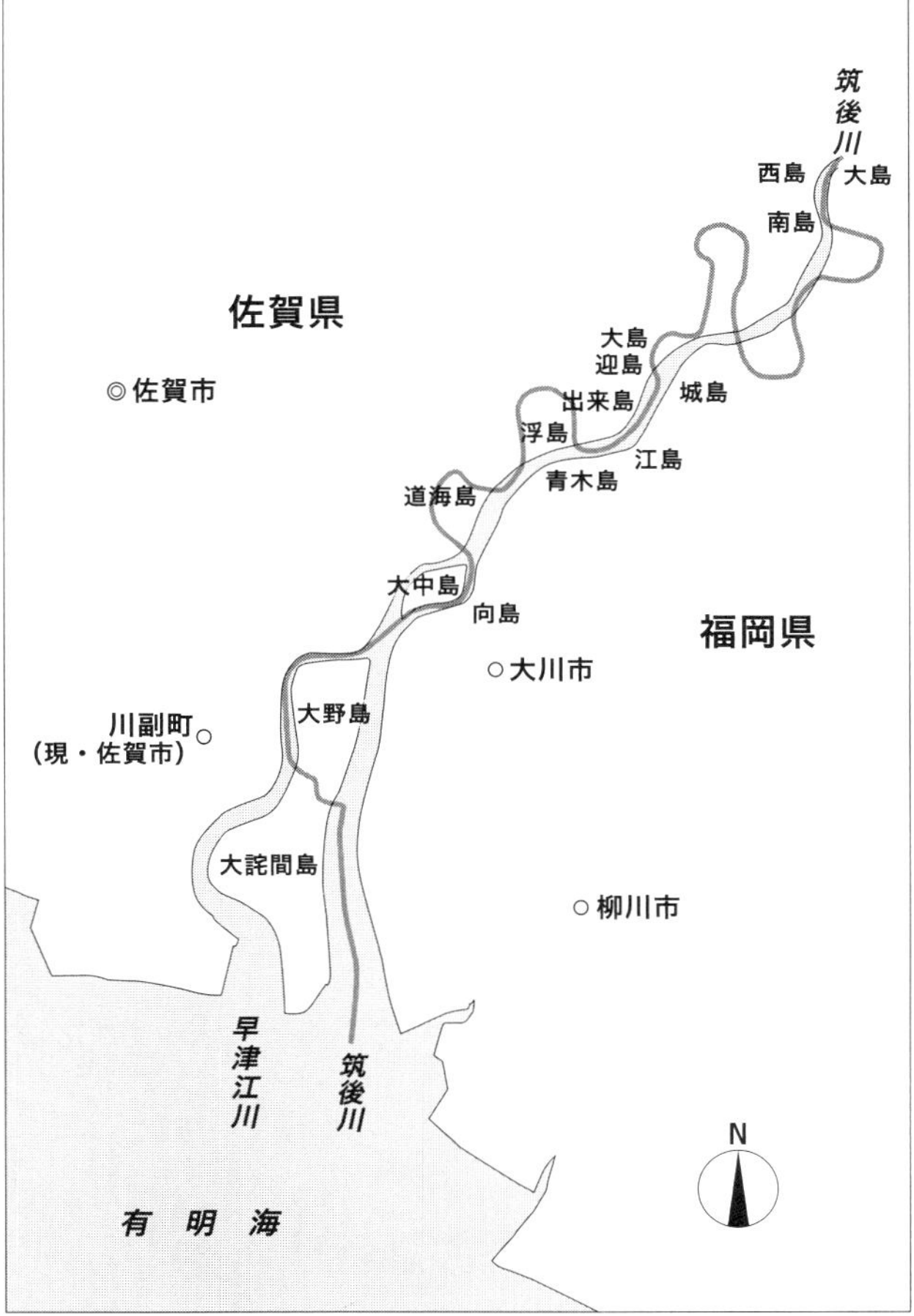

野島は福岡県大川市、大詫間島は佐賀県川副町《かわそえ》（現・佐賀市）である。中洲に県境が走っているのは全国的にみても極めて珍しく、両藩が中洲の領有をめぐって争ったのは、おそらくここだけだろう。

また、筑後川の両岸に大中島、道海島、浮島、江島など、「島」のつく地名が多いのは、そこが中洲や干潟を干拓したことによって形成された地であることを物語っている。

12 川の対岸になぜ同じ地名がある？

神奈川県民が東京都民の仲間入り

日本は山国のため急流河川が多く、平野部で蛇行している川が多い。蛇行している川は氾濫しやすく、大雨が降るたびに流域に大きな被害をもたらす。河川の氾濫を防ぐため、これまで流路の直線化や瀬替えが繰り返されてきた。県境と川の流路が一致していないところが随所にあるが、これは河川の改修工事などで流路が変更されたからだと思って間違いない。川の対岸に同じ地名があるのはその名残である。

利根川の流域にも、千葉県と茨城県に同じ地名が多くみられる。たとえば、千葉県の野田市にある新田戸《にったど》、桐ヶ作《きりがさく》、古布内《こぶうち》、木間ヶ瀬《きまがせ》、長谷、小山、莚《むしろ》打《うち》という地名が、そっくり茨城県の境町と坂東市にもある。これは江戸時代、東京湾に注いでいた利根川が、現在の流路に瀬替えされた際に、新流路によってひとつの村が分断されてしまったからである。

川の対岸に自治体の一部が飛び地になっているのも、同じような理由による。東京都の町田市と神奈川県相模原市の境界を、境川という川が流れている。上流が武蔵国と相模国の境

Ⅲ－12．利根川を挟んで同じ地名が連なる

を流れていることから命名された川名だが、当時は川の流れと国境は一致していた。ところが現在は、流路と都県境には微妙なズレが生じている。境川も例外にもれず蛇行の激しい川で、大雨のたびに氾濫し、流域に大きな被害を出してきた。そのため戦後、河川の改修が進められ、川幅を広げたり流路が直線化されたりしてきた。流れはゆるやかになり、これによって洪水も著しく減少した。

流路と一緒に都県境も変更したかったのだろうが、都県

Ⅲ－12．境川を何度も横切っている都県境

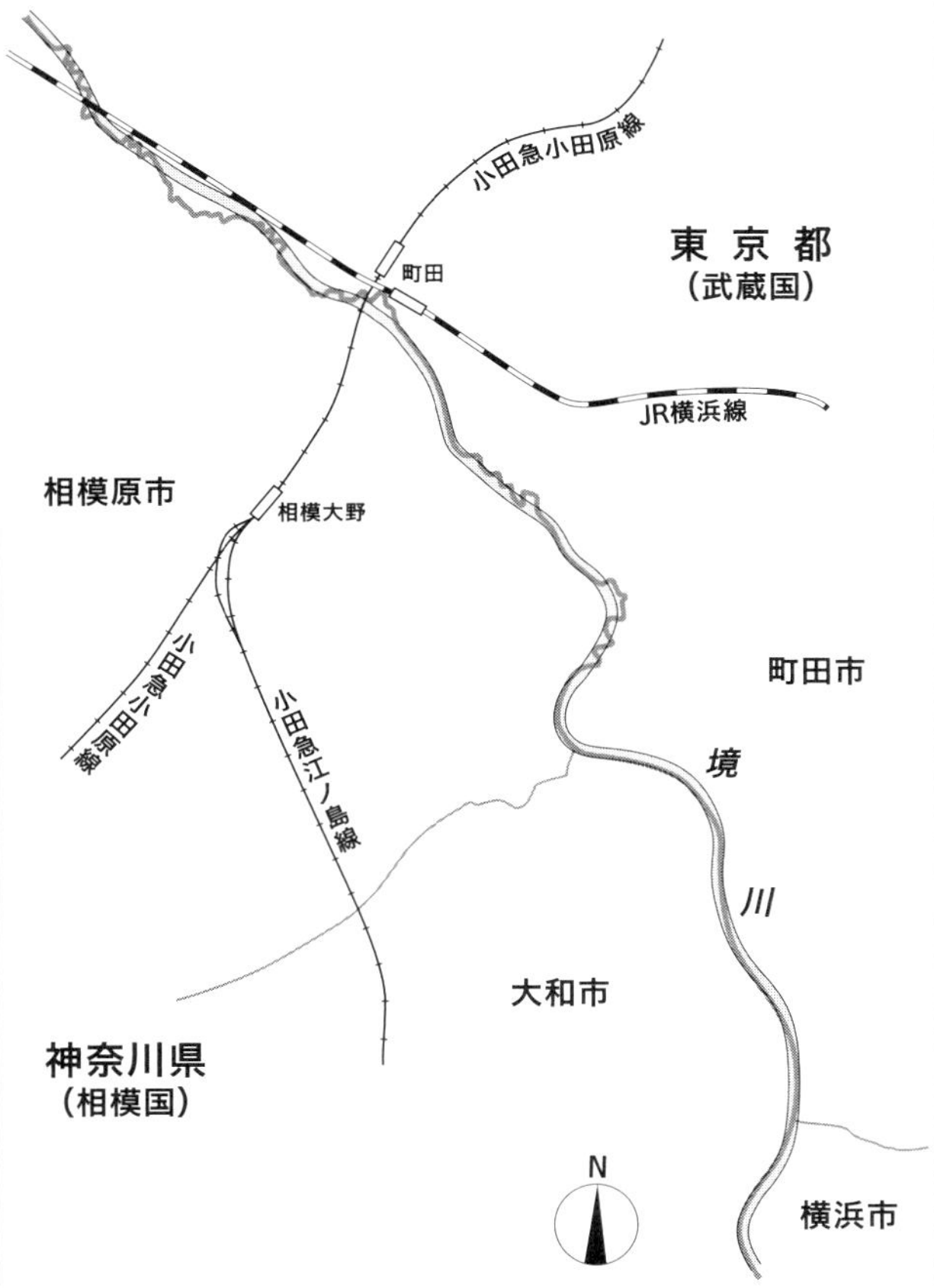

境は流路を変えるようなわけにはいかなかった。町田市と相模原市では、これまで河川の改修によって生じた対岸の飛び地を相互に交換し合い、都県境と流路を一致させる作業が続けられてきたが、住民の同意が得られず思うように作業は進んでいない。学校のことや下水道、ゴミ処理など種々の問題があるからだ。特に東京都から神奈川県への編入はなかなか実現が難しい。「東京」というブランドは捨てがたいのだろう。東京都から神奈川県になれば、地価が下がる恐れもある。

二〇〇四（平成十六）年にも境界の変更が行われ、相模原市の一部が町田市に編入された。この編入によって四十人あまりの相模原市民、いや神奈川県民が、一夜にして東京都民になった。これからも編入問題をめぐって住民との交渉は続くだろうが、都県境と境川の流路が完全に一致するのは、いつになるのかまったく予測が立たない。

Ⅳ

日本縦断
県境をめぐる
争い

1　リフトの建設計画が蔵王山の県境紛争に発展

県境未定地の認識がなかった山形県と宮城県

スキーと樹氷で名高い東北の蔵王山に、かつて県境の未定地があった。あったというより、地元自治体が双方円満に認めていた山形と宮城の県境が、人為的に未定地にされてしまったといったほうが正しいかもしれない。山形市にある観光業者二社が、ほぼ同時期に蔵王山の県境付近にリフトの建設を計画したことが発端となり、県境紛争にまで発展したのである。

観光ドライブウェイの蔵王エコーラインが開通した翌年の一九六三（昭和三十八）年一月、山形市に本社を置く北都開発商会が、蔵王噴火口の「お釜」の見物用として観光リフトの建設計画を打ち出し、山形県を管轄する新潟陸運局に事業許可を、同じく山形営林署に国有林の貸し付けを申請した。いっぽう翌月には、地元の有力企業である山形交通が北都開発の東側にあたる宮城県側にリフト建設を計画し、仙台陸運局と白石営林署に許可申請を出した。

ところが、あとから申請した山形交通の許可が先に下り、北都開発商会の申請はなかなか認められなかった。しかも、山形交通のリフトが申請の宮城県側から北に外れた山形県内に

Ⅳ－１．リフトの建設計画が発端となった蔵王山の県境争い

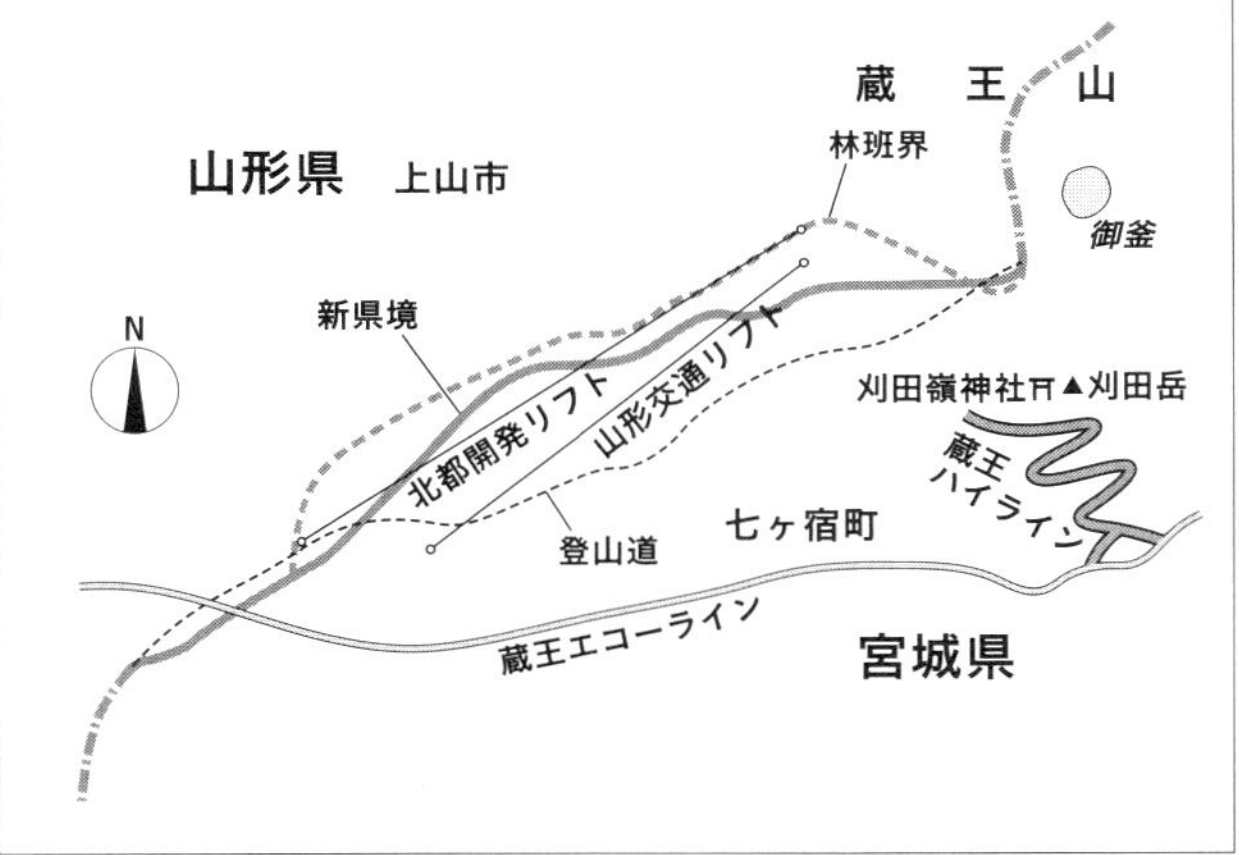

建設されているのを北都開発の社員が発見し、山形営林署に通報する。

そもそもこの付近における山形・宮城の県境は、刈田嶺神社への「登山道」であるというのが、地元に共通した認識だった。そして、営林署が国有林を区分して管理する境界である「林班界（りんぱんかい）」も、当然この登山道に重なるものと考えられてきた。

だが、通報を受けた山形営林署は「林班界がはっきりしない」として独自に検測（図面調査）を行い、それまで県境として扱われてきた林班界は、突然登山道から外れ、大きく北に寄って線引きされた。その結果、山形県側にはみ出していたはずの山形交通リフトはすっぽり宮城

県側に収まり、北都開発商会のリフトは山形・宮城両県にまたがるとされたのである。

そうこうするうちに夏の観光シーズンとなり、山形交通のリフトは開通して大にぎわいとなる。業を煮やして北都開発商会はリフト建設を強行するが、これに対して山形、白石の両営林署に、営林署の言い分通りだと県域が減ることになる山形県までもが同調して、工事中止命令を出す。これでは北都開発の腹の虫が納まるはずがない。同社は山形行政監察局に苦情を申し立てる一方、山形営林署長らを公務員の職権乱用および業務妨害で告訴。山形と白石の両営林署長ほか十数名が逮捕されるという事件にまで発展した。さらに北都開発は、国の勝手な県境移動によって損害を受けたとして、国家賠償請求訴訟を起こしたのである。

その後、北都開発のリフトは一年あまり遅れて開業したものの、わずか二年で廃業に追い込まれた。この問題は国会でも追及されたほか、刑事、民事の裁判の過程では、北都開発を不利にするために、営林署と県がさまざまな妨害を行ったことが証言で明らかとなった。

刑事裁判では、営林署長らの職権乱用は無罪（収賄は有罪）となったものの、国賠訴訟は長期化し、一審判決が出るまで実に二十三年間もかかった。その一審では北都開発が敗訴したが、控訴審の仙台高裁は、「山形営林署長らは故意に県境を移動した」と認定。逆転敗訴した国は上告することなく確定して、三十二年間にもおよんだ北都開発商会の主張がようやく認められた。やはり、県境は人為的に動かされていたのである。

さて、このリフト建設のトラブルが発端となって、山形県上山市《かみのやま》と宮城県七ヶ宿町《しちかしゅく》のあいだで県境紛争が起こり、こちらも長期化の様相を呈した。自治省（現・総務省）は現地調査するなど、双方の言い分を聞いて調整にあたった。境界未定地は長さ一・二キロメートル、面積わずか〇・〇八平方キロという狭い地域で、もともとは争いなどなかったはず。だが、こうなるとメンツのぶつかり合いで、「藩政時代から公認されてきた境界だ」、「安易に妥協すれば先祖に笑われる」と双方ともに一歩も譲らず、そのため自治省の裁定も伸びに伸びた。

しかし、上山市と七ヶ宿町とは江戸時代から交流があり、食糧難の時代には米や野菜などを融通し合った仲でもある。それなのに、県境ごときの問題で泥沼状態が続けば、永年築いてきた両市町の友好関係にヒビが入りかねない。早期に解決してほしいという住民からの要望もあり、一九八四（昭和五十九）年になって、それまでたなざらしにされてきた県境問題が一気に進展。同年十月、田川自治相は両者が譲歩し合意したことを踏まえて、新県境を登山道と林班界のほぼ中間とする裁定を下した。

この裁定に納得した上山市長と七ヶ宿町長は固い握手を交わし、より地域の発展に尽くしていくことを誓い合った。二十一年ぶりの決着であった。自治省の裁定で県境問題が解決したのは、一九四七（昭和二十二）年四月に地方自治法が施行されてから初めてのことである。

2 県境を確定させた中海《なかうみ》の干拓と米子空港拡張

江戸時代から境界はうやむやのままだった

山陰の島根と鳥取の県境に横たわる中海《なかうみ》は、境《さかい》水道で日本海とつながっているため魚介類が豊富で、江戸時代から出雲《いずも》（島根）と伯耆《ほうき》（鳥取）の漁民のあいだで、魚介類の採取をめぐるトラブルが絶えなかった。また新田開発でも、出雲と伯耆のあいだでしばしば紛争も起きている。古文書によると、中海はおおむね出雲領だとされているが、それを画定できる資料が残されていないため、近年まで県境はうやむやのままだった。

しかし昭和三十年代に入って、中海の干拓、淡水化計画が持ち上がり、それと前後して防衛庁（現・防衛省）の美保飛行場（米子空港）のジェット基地化計画も具体化してきたため、県境がうやむやのままでは済まされなくなってきた。干拓事業では、島根と鳥取の県境に跨ると思われる米子工区が存在し、美保飛行場の拡張に伴う滑走路の海面埋め立て工事においては、島根県の領域にはみ出す可能性がでてきたため、県境問題がクローズアップされることになったのである。干拓事業が両県に跨ることになれば、事業費の負担割合や土地の取り

IV－2．中海に新しく引かれた県境

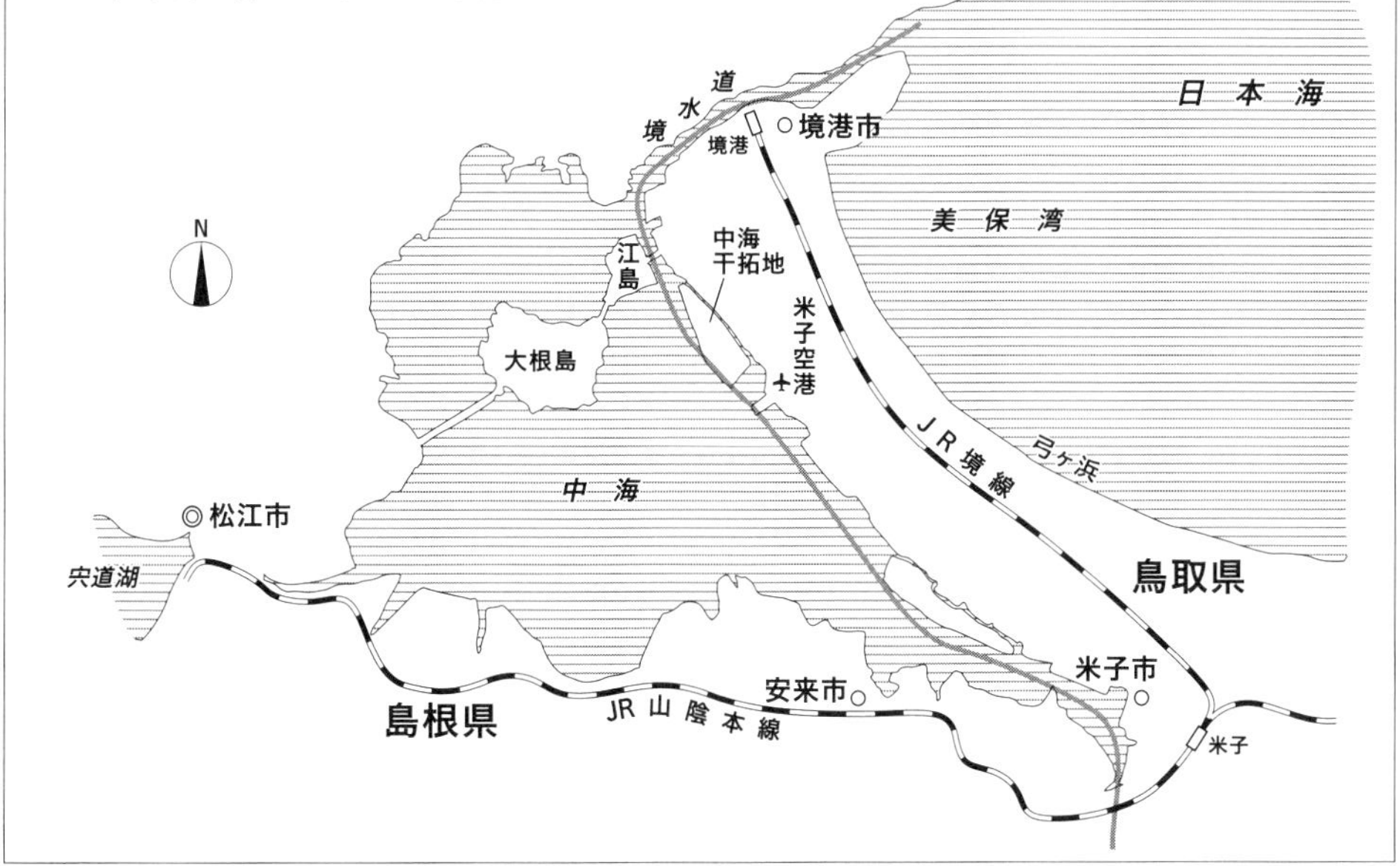

扱いなどを明確にしなければならないし、空港の拡張工事でも、埋め立ての免許権者が異なるという問題が発生するからだ。

海面上の境界は元来不正確で、それを確定させるのは難しい。島根、鳥取両県とも、それを証明する資料を持ち合わせていないから、なおさら厄介な問題であった。そこで救世主の如く登場したのが、一九一五（大正四）年発行の国土地理院二万五千分の一地形図である。そこには、県境を示す記号が中海の水面上にはっきりと描かれている。この境界線は、国土地理院が勝手に書き込んだものではなく、関係市町村の確認と指示のもとに表示されたものだという。だが、それを証明するものは戦争で焼失して残されていない。

しかし、このままでは事業計画が前に進んでいかないため、関係市町村は協議に協議を重ねた。その結果、この地形図に記された県境を採用する方針に固まり、一九八一（昭和五十六）年四月、島根、鳥取両県知事および関係市町村間で、『中海における境界、米子空港の拡張整備等に関する協定書』を締結。そして、暫定県境としてひとまず「管理境界線」を設けた。

その後も幾度となく両県知事、事務レベルの協議が繰り返され、自治省による現地調査も行われるなどして、一九九〇（平成二）年四月二十八日に正式に県境が確定。五月二十五日の官報告示によって効力が発効したのである。

3 宿毛《すくも》湾沖に浮かぶ沖ノ島に、かつて県境が走っていた

土佐藩と宇和島藩の引くに引けぬ国境紛争

四国西南端の宿毛湾沖に、沖ノ島という面積十平方キロほどの小さな島が浮かんでいる。周辺の海域は沖ノ島海中公園に指定され、ダイビングポイントとして人気があるが、江戸時代にこの美しい島で、国境線をめぐる激しい紛争が繰り広げられた。現在は高知県の管轄になっている島だが、明治の初め頃まで沖ノ島とその属島の姫島に、高知と愛媛の県境が走っていた。つまり、この小さな島がふたつの県に二分されていたのである。

この国境線をめぐっては、土佐藩と宇和島藩（伊予）とのあいだでしばしば紛争が繰り返されてきた。室町時代には国境が確定していたものの、土佐領と伊予領の島民は互いに国境を越え、漁業や山仕事などで共存生活を送っていた。島民の少なかったあいだは、それでも特に争いごとも起こらず、平和な島そのものであった。

しかし島の人口が増え、生産性も高まってくると、占有権をめぐる島民同士のトラブルが

発生するようになってきた。そして、一六四五（正保二）年に、幕府が各藩に国絵図の作成を命じた際、土佐藩と宇和島藩が提出した国絵図の境界線に食い違いがあったことから、国境紛争へと発展したのである。

土佐藩領の庄屋と宇和島藩領の庄屋とのあいだで、話し合いによる解決が試みられ、一六四九（慶安二）年には国境問題もいったんは解決した。しかし、一六五六（明暦二）年になって、宇和島藩側の庄屋六之進が国境の線引きを不服として、幕府へ訴状を提出したことにより国境紛争は再燃、島の各地で一触即発の事態になった。

土佐藩も宇和島藩に対抗して島の絵図や地検帳、証文などを添え、返答書を幕府に提出。両藩の激しい攻防が続いたが、十五年間にわたる闘争も、土佐藩の野中兼山らの活躍もあって一六五九（万治二）年、土佐藩に有利な判決が下されて幕を閉じた。とはいっても、土佐領の海で伊予側の漁を許し、伊予領の山で土佐側の伐採を許すという入会《いりあい》方式は従来通りで、藩の勢力範囲が微妙に変わったに過ぎなかった。

それから二百年あまりが経ち江戸幕府は崩壊、明治新政府が樹立された。討幕運動が薩長土肥の主導で行われたこともあってか、廃藩置県後の一八七四（明治七）年、沖ノ島や姫島、鵜来島《うぐるしま》は、あっさりと高知県に編入されてしまった。紛争の再燃を懸念しての処置だったのだろうが、愛媛県側の抵抗は特になかったという。大規模な県の統廃合が盛んに行われてい

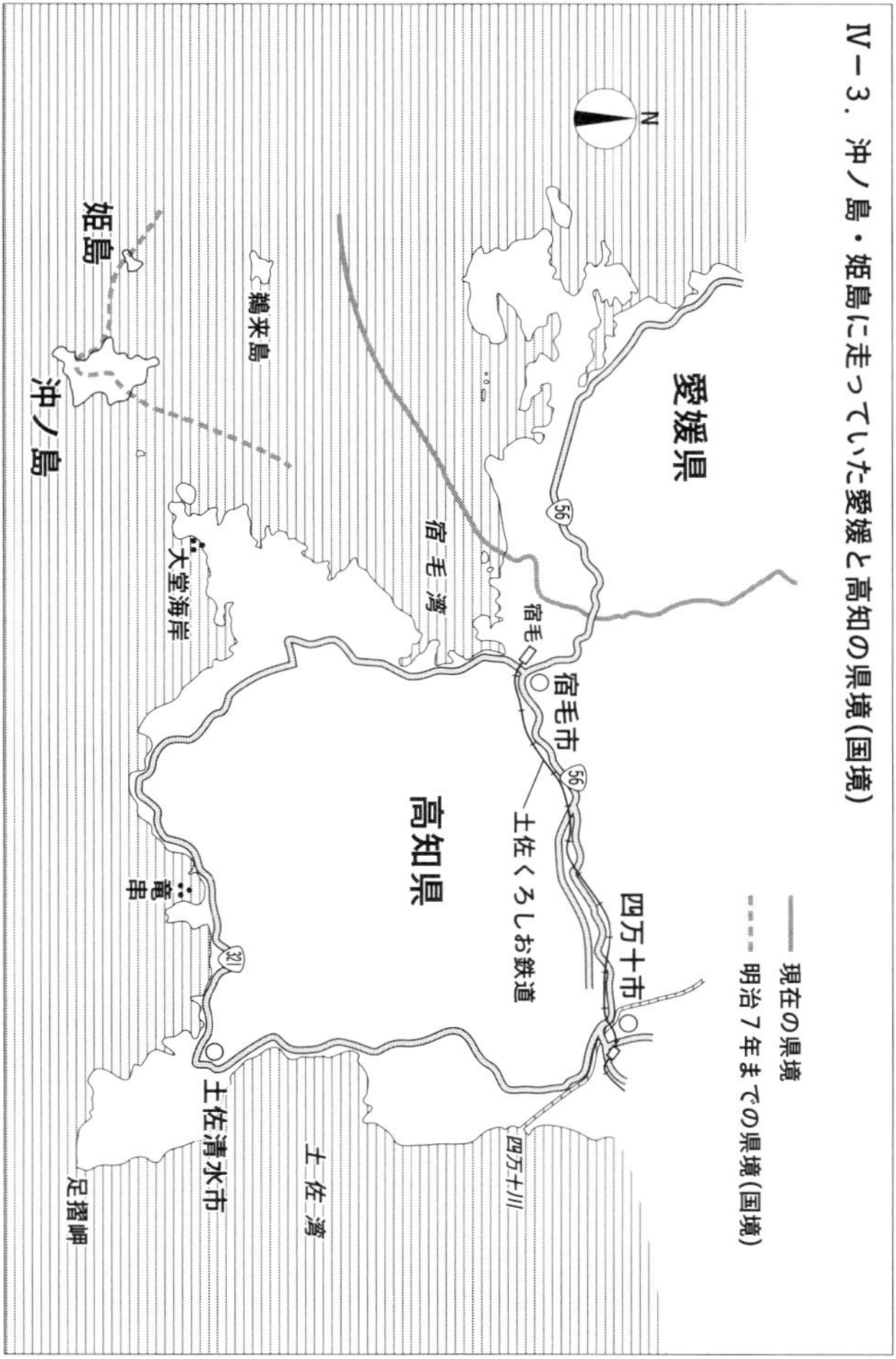

Ⅳ−3. 沖ノ島・姫島に走っていた愛媛と高知の県境(国境)

4 いまも語り継がれる「宇土崎沖《うどざきおき》の大海戦」

山県有朋の裁定で確定した大分と宮崎の県境

た最中だったので、小さな島の管轄どころの問題ではなかったのかもしれない。

豊後《ぶんご》水道と日南海岸のあいだの太平洋岸は、リアス式の美しい海岸線が延々と続く九州屈指の景勝地で、この海域は日豊海岸国定公園に指定されている。日豊海岸は風景が美しいばかりではなく、古くから好漁場としても知られている。特に、大分県と宮崎県の県境付近の宇土崎（宇戸崎）―深島―斗枡崎《とますざき》の三点を結ぶ海域は、日向灘から豊後水道に向かう回遊魚の通り道になっており、イワシやアジ、サバなどの小魚からマグロ、カツオなどの大型魚まで魚種が豊富で、江戸時代から藩の大きな財源にもなっていた。豊後と日向《ひゅうが》の漁民の争いは日常茶飯事で、領内を侵犯し、密漁する漁船もあとを絶たなかった。そのため、監視船を運航させるなどして、その防御策に双方とも苦慮していた。

豊後と日向の国境を「斗枡崎」だと主張する豊後側と、「宇土崎」だと主張する日向側とが真っ向から対立し、網代争いでしばしば流血事件も引き起こしている。一八二四（文政七）

Ⅳ－4．漁場をめぐる豊後と日向の争い

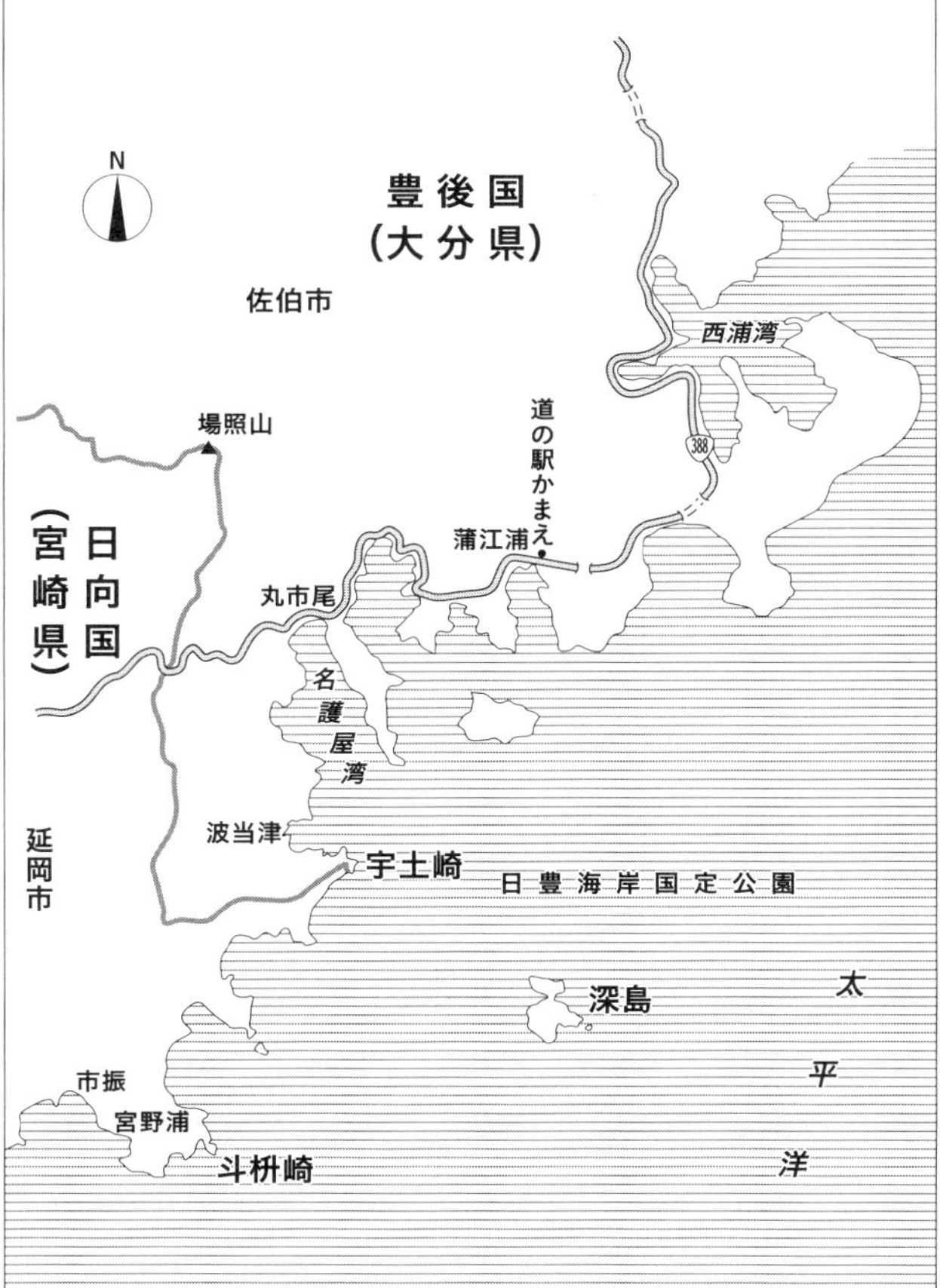

年には、宇土崎沖で波当津《はとうづ》（豊後）のイワシ網が操業中、市振《いちぶり》（日向）の漁船に襲われるという事件が発生して大乱闘になった。その場は和解したものの、その後も漁場を巡るトラブルが絶えることはなかった。

国境問題は根深く、明治になっても漁民たちの縄張り争いは解消せず、不穏な空気がくすぶり続けた。しかし、明治新政府は中央集権体制を確立するためにも、その障害となる地域紛争は取り除かなければならないという方針のもとに、一八八五（明治十八）年九月、山県有朋内務卿の裁定で、宇土崎を大分と宮崎の県境に定めた。宮崎県側のこれまでの主張が全面的に認められた形の裁定であった。

しかし、これはあくまでも陸上における境界であり、海上の境界は依然として曖昧のままだったため、その後もたびたび紛争は発生した。特に一九一七（大正六）年十二月の、丸市尾（大分）の漁民と宮野浦・市振（宮崎）の漁民が衝突した事件では、総勢五百人あまりの漁民が四十数隻の漁船に乗り込んで、数日間にわたる乱闘事件となった。それを鎮圧するために佐伯、延岡両警察署から多数の警察官が出動したほどである。南海部《みなみあまべ》郡長や県の水産技師らの説得で騒ぎは治まったものの、これで漁民たちのわだかまりが消えたわけではない。魚介類が豊富な海域だけに利害関係が大きく、今後再び漁民の衝突が発生しないとも限らない。このときの乱闘事件は、「宇土崎沖の大海戦」と呼ばれ、いまも語り継がれている。

5 無人島の久六島《きゅうろくじま》をめぐる骨肉の争い

管轄は青森県に、秋田県には漁業入会権を認可

青森県の南西部に、日本海に突き出た艫作《へなし》崎という景勝地がある。そこから西へ三十キロメートルあまりの海上に、久六島という小さな無人島が浮かんでいる。上の島、下の島、ジブの島の三島からなり、もっとも大きい上の島でも東西四十メートル、南北十五メートル、標高五メートルの、島というより岩礁といったほうがよいほどの小島である。特に凪《なぎ》のときは、そこに島があることを見落とされやすいため、これまで海難事故が絶えなかった。そこで一九五八（昭和三十三）年には、無人の灯台が設置された。

久六島が発見されたのは天正年間（一五七三〜九二）、いうまでもなく島そのものにはなんの価値もない。しかし、久六島の海域には暖流の対馬海流が流れ、タイ、ブリ、ホッケ、アワビ、タナゴなどの好漁場になっている。そのため明治以降、その帰属をめぐって青森、秋田両県のあいだでしばしば紛争が発生した。

地理的にみると、久六島は青森と秋田の県境から、真西への延長線上より八キロメートルほど北に位置している。そのため青森県側では自県の領域であると主張。いっぽう、地理的には不利な秋田県側では、「久六島は発見されて以来、現在まで所属不明の無人島であるから、両県で管轄すべきだ」と主張して一歩も譲る気配はない。双方の言い分に一理あるものの、これといった決定打がないため、解決への道には険しいものがあった。そこが好漁場で、大きな利害が伴うだけに厄介な問題である。

一九五一（昭和二十六）年五月の水産庁係官による現地調査に基づき、同年の十月、青森県議会では「久六島を所属未定地として深浦町（青森）に編入する」という決議案が可決された。しかし、秋田県側がこれに猛反発したことにより、国を交えて激しい攻防が展開されることになった。

とはいえ、二年後の五三（昭和二十八）年七月には合意にこぎつけ、『久六島問題の解決に関する覚書』に両県が調印。翌五四年八月二十七日には、『久六島周辺における漁業についての漁業法の特例に関する法律』が公布された。これにより久六島は青森県に編入され、その見返りとして、秋田県側には漁業入会権を認可することで決着した。つまり、秋田県は久六島を管轄することはできなかったが、漁場は一定の規制はあるものの、青森県側と共有することができるわけである。

Ⅳ－5．県境紛争があった無人島の久六島

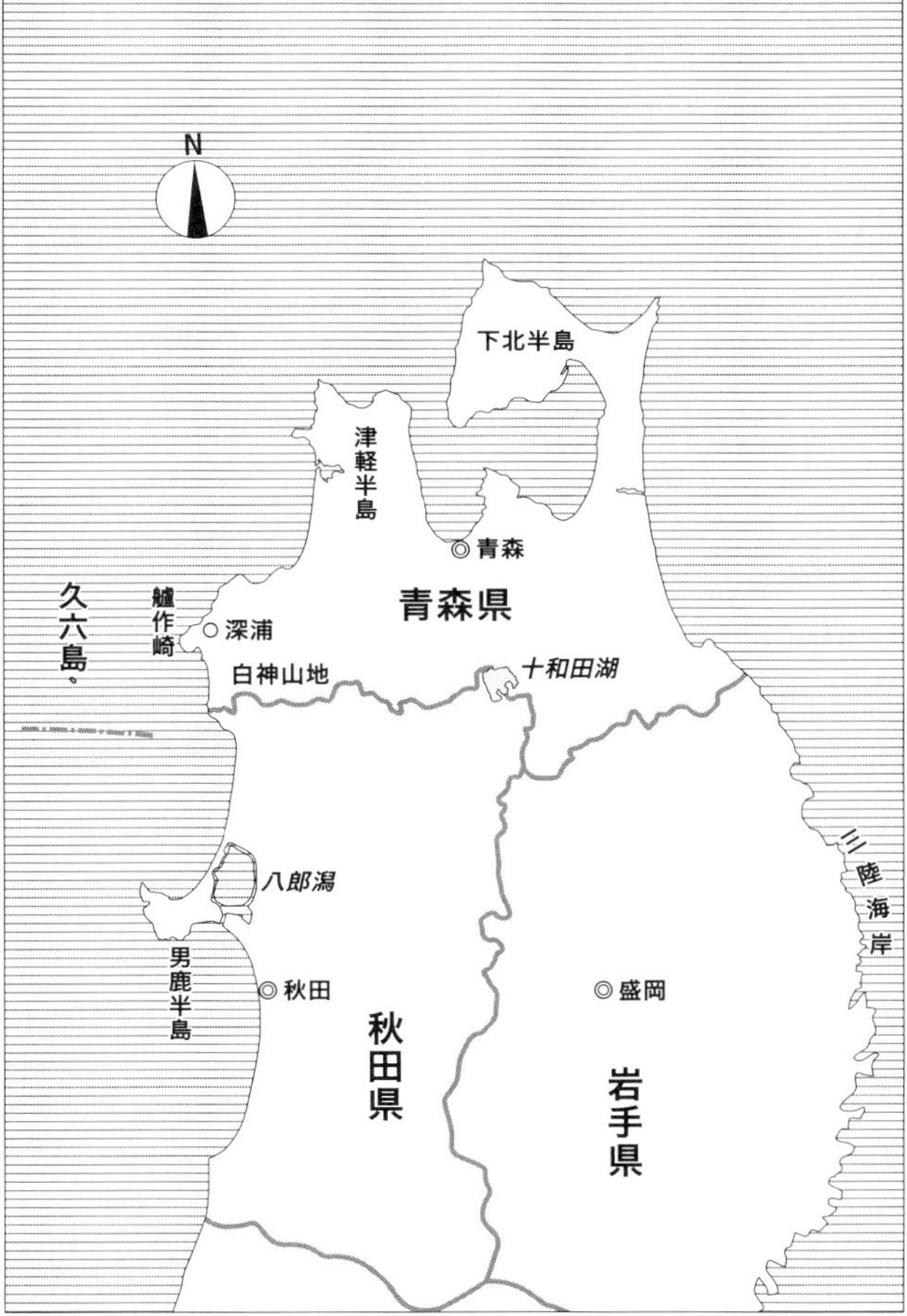

6 実現しなかった越県合併

瀬戸内海・芸予諸島の生名島《いきなじま》（愛媛県）と因島《いんのしま》（広島県）

越県合併を目指しながら果たせなかったケースも少なくない。そのひとつが、瀬戸内海に浮かぶ芸予諸島東部の上島《かみじま》地区だ。愛媛県上島地区の四町村（弓削《ゆげ》町、岩城《いわぎ》村、生名《いきな》村、魚島《うおしま》村）は古くから広島県の因島《いんのしま》との結びつきが強く、住民の多くが越県合併を望んだ。だが、四町村の中で魚島村だけは因島から一番離れているため、越県合併してもメリットがないと消極的であった。越県合併を最も強く求めていたのは生名村である。

生名村は因島に最も近く、長崎瀬戸を挟んでわずか三百メートルの至近距離にある。多くの住民が因島市にある日立造船所に通勤しており、人口の六〇パーセントは日立造船所となんらかの関係を持って生活している、因島市のベッドタウン的な性格が強い村だ。

日本が近代国家としての地盤固めをしていくうえで、各自治体の行財政能力を高める必要性から、一九五三（昭和二十八）年に町村合併促進法が施行された。そして三年間の時限立法として国を挙げて町村合併を促進した。それを受けて、上島地区でも翌五四年に合併協議

Ⅳ－6．越県合併が実現しなかった芸予諸島の生名村(生名島)

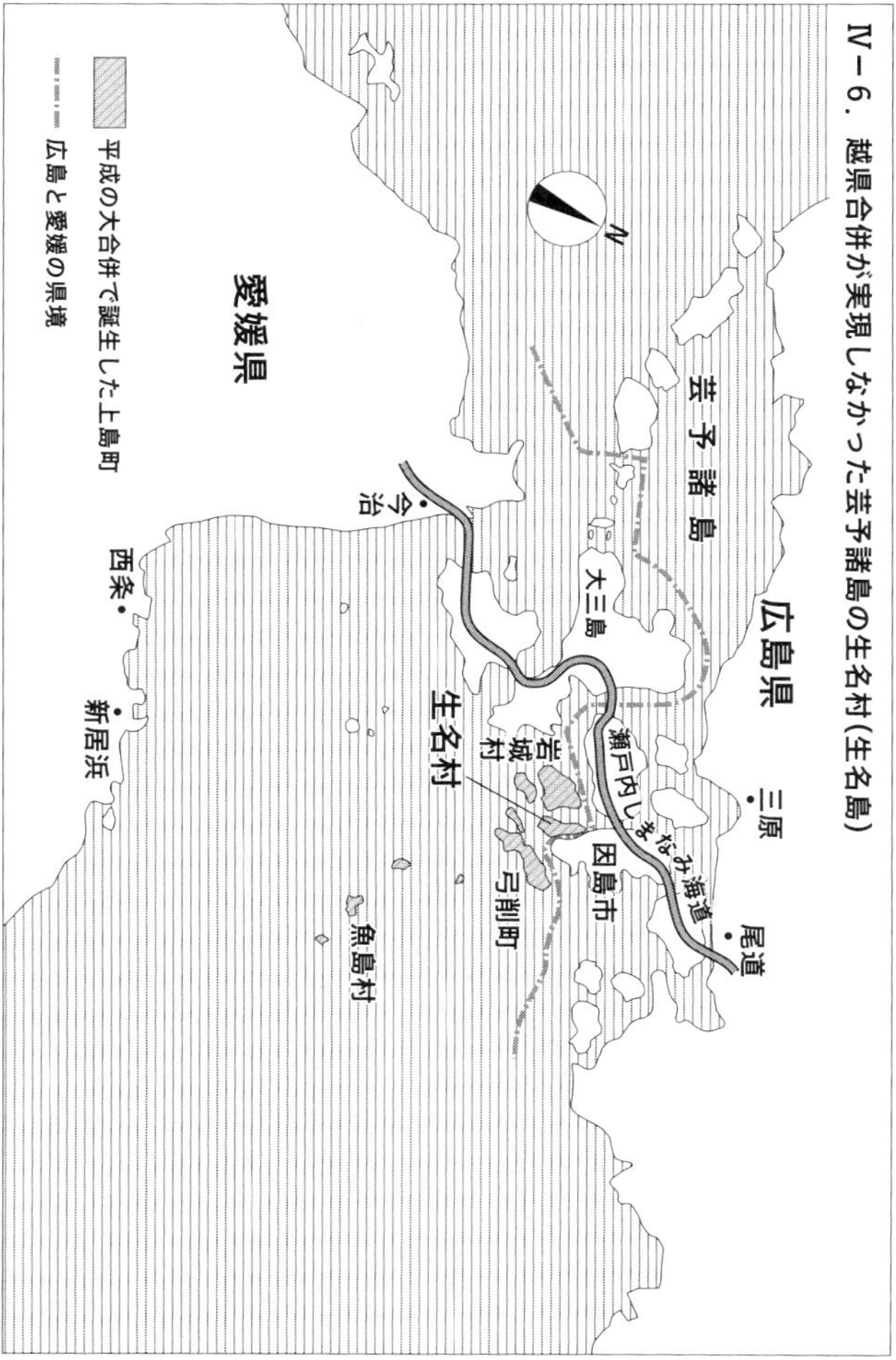

会が設立され、生名村も「上島地区合併協議会」に加わった。しかし、生名村では因島市との合併を前提にした新市建設五ヵ年計画案をまとめるなど、上島地区との合併よりも因島市との合併を推し進めた。住民投票でも上島地区との合併百九十七票に対し、因島市との合併九百五十四票と、上島地区合併案を圧倒した。

そのため生名村議会では、一九五六（昭和三十一）年八月、「因島市生名村合併協議会」を設置し、上島地区合併協議会から離脱。「生名村境界変更に関する処分請求書」を県に提出した。しかし、県はこれを拒否。もし生名村が因島市と合併すれば、その周辺の海域が広島県の管轄となるため、周辺海域の漁民たちにとって死活問題にもなりかねない。県としてもそれを認めるわけにはいかないのである。漁民たちの反発は予想以上に激しく、今治市などの漁業関係者の漁船が生名島沖に集結して海上デモを決行する、という騒ぎにまでなった。

これに驚いた生名村は、周辺地域への影響の大きさを深刻に受け止め、因島市との合併を断念せざるを得なかった。そこで県は、新たに「上島地区合併促進特別委員会」を設置して、上島地区の合併を強力に進めたが、四町村の足並みが揃わず合併問題は白紙に戻った。

それから四十数年、平成の大合併では当時のわだかまりも消えたのか、県の強い要請もあって二〇〇四（平成十六）年十月、上島地区の弓削町、岩城村、生名村、魚島村四町村による合併がようやく実現、上島町《かみじまちょう》が誕生したのである。

7 「県境」のハードルは高かった

まぼろしと消えた越県合併構想のかずかず

平成の大合併では、県境を跨いだ合併構想もいくつかあった。同じ県内の市町村とより、隣県の市町村とのほうが経済的、文化的な結びつきが強いというケースである。しかし、越県合併の構想のほとんどは、単なる構想だけで終わってしまった。

全国で浮上した越県合併構想の主なものを、住民レベルのものも含めて、ここに挙げてみよう。まず東北地方では、青森県南西端の岩崎村と秋田県能代《のしろ》市の合併、それに岩手県一関市周辺と宮城県栗駒町および金成町《かんなりちょう》との合併などが取沙汰された。

関東では、群馬県太田市と栃木県足利市が合併して、両毛《りょうもう》市を誕生させる構想があった。群馬県下最大の工業都市である太田市には、県境を越えて足利市から多くの人が通勤しており、両市の経済的な結びつきがきわめて強いからだ。埼玉県の幸手《さって》市と茨城県五霞町《ごかまち》の合併構想もあった。五霞町は茨城県内で唯一、利根川の右岸にある。茨城県の飛び地状態で、生活圏は埼玉県だ。住民アンケートでも、八〇パーセント以上の住民が埼玉県への編入を望んだが、合併は夢に終わっている。茨城県結城市と栃木県小山市との合併や、神奈川県藤野町と山梨県上野原町および秋山村との合併話も浮上していた。

このほか、愛知県弥富町（現・弥富市）と三重県木曽岬町の合併、徳島県海部郡三町（海南町、宍喰町《ししくいちょう》、海部町）と高知県東洋町の合併、島根県益田市と山口県須佐町《すさちょう》および田万川《たまがわ》町《ちょう》との合併、鳥取市周辺と兵庫県美方郡四町（浜坂町、温泉町、村岡町、美方町）の合併、鳥取県米子市と島根県安来市の合併、広島県大竹市と山口県岩国市の合併など、県境を越えた合併構想が各地で浮上したが、いずれも構想倒れであった。

「越県飛び地合併」という奇抜な構想も持ち上がった。群馬県利根郡川場村に世田谷区民健康村があることから、これを縁に川場村と世田谷区が合併しようというものだ。また、山梨県道志村は横浜市の水源地であることから、水が取り持つ縁とかで横浜市に合併を申し込んだ。しかし、どちらも非現実的過ぎ、話題を提供しただけに終わっている。

このように合併構想は全国各地にあったが、越県合併は通常の手続きに加えて、双方の都道府県議会で可決されなければならない。「県境」というハードルを越えることは容易ではなかったようだ。

Ⅳ－７．各地で浮上した越県合併構想

N
青森県岩崎村
秋田県能代市
岩手県一関市
宮城県栗駒町、
金成町
群馬県川場村
東京都世田谷区
群馬県太田市
栃木県足利市
栃木県小山市
茨城県結城市
埼玉県幸手市
茨城県五霞町
神奈川県藤野町
山梨県上野原町、
秋山村
山梨県道志村
神奈川県横浜市
愛知県弥富町
三重県木曽岬町
徳島県海南町、
宍喰町、海部町
高知県東洋町
広島県大竹市
山口県岩国市、和木町
島根県益田市
山口県須佐町、
田万川町
鳥取県米子市
島根県安来市
鳥取県鳥取市
兵庫県浜坂町、温泉町、
村岡町、美方町

8 平成の大合併で越県合併を実現した唯一の村

島崎藤村のふるさとが長野県から岐阜県に

平成の大合併で、越県合併を果たしたのは、唯一長野県の山口村だけである。中山道の馬籠宿《まごめしゆく》がある村だといえばピンとくるのではないだろうか。馬籠はいまも宿場町のたたずまいをとどめ、多くの旅行者で賑わう長野県南部の代表的な観光地のひとつである。その馬籠のある山口村が、県境を越えて岐阜県の中津川市と合併した。しかし、合併に反対した人は四〇パーセントにものぼり、山口村から引っ越して長野県にとどまった人も少なくなかった。

実は昭和の大合併の際にも、山口村は苦い経験をしている。馬籠宿のある旧神坂《みさか》村は、中津川市との合併をめぐって村民が激しく対立。デモが村内を暴れまわり、機動隊が出動するという騒ぎにまでなった。意見の異なる親子、親族のあいだで殴り合いの喧嘩になったこともあるという。合併問題で村内の人間関係は、ズタズタに引き裂かれてしまったのである。

神坂村は古くから中津川市との結びつきが密接で、職場も学校も、買物から病院まで、生活圏はすべて中津川市にある。そのため、中津川市との合併を強く望む住民が多く、

Ⅳ－8．越県合併した長野県山口村

山口村を編入したことにより岐阜県の面積が24.7平方キロ広くなった

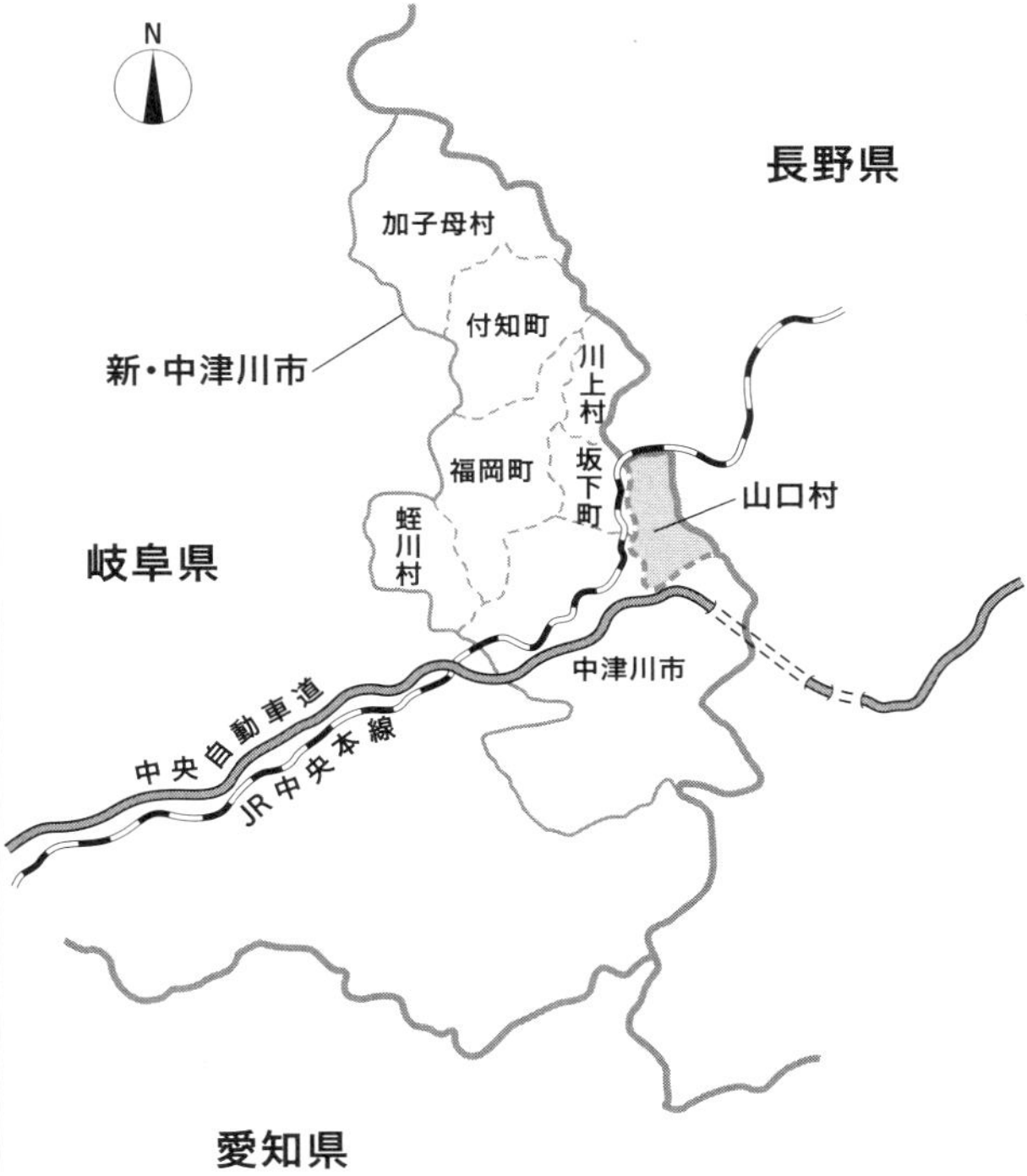

一九五七（昭和三十二）年三月、村議会では中津川市との合併を決議した。しかし、長野県はそれを認めず、翌日の長野県議会では合併反対の決議を満場一致で可決。長野県の誇りである島崎藤村のふるさと馬籠を、岐阜県に取られてたまるかという心情だったのだろう。

合併問題は紛糾し、首相の裁定にまで持ち込まれたが、翌年に下された結論は神坂村を分断し、長野と岐阜の二県に分けるというものであった。馬籠などの三地区が長野県に残って山口村と合併し、一地区が中津川市に編入された。これによって、神坂村は消滅。旧神坂村の中に県境が通ることになり、村民の生活は分断された。小学校は中津川市側に持っていかれたため、長野県側の神坂地区にも、新たに同名の神坂小学校が建設された。友達との仲も、越県合併で引き裂かれてしまったのである。

平成の大合併では前回の教訓が生かされたのか、長野県議会で山口村の合併議案は賛成多数で可決された。ところが、それまで静観していた田中康夫知事が反対の態度を表明したことから、合併問題は暗礁に乗り上げた。しかし、越県合併へ動き出した大きなうねりを食い止めることはできず、昭和の大合併の騒動から四十六年後の二〇〇五（平成十七）年二月、ふたつに分裂した村が再びひとつになった。

かくして島崎藤村のふるさとも、長野県から岐阜県に移ったが、住民感情のしこりはいまだにくすぶり続けているという。

9 岡山県美作国から兵庫県播磨国へ

明治時代、住民の悲願がかなった県境を越えての編入合併

明治政府は廃藩置県後、試行錯誤しながら行なってきた府県の統廃合を一段落させると、今度は末端の行政組織である町村の再編作業に取りかかった。町村合併を強力に推し進め、ひとつひとつの町村を一定の財政規模を有する自治体にさせることによって、国家の基盤となる地方行政組織の適正化を図ろうというものである。「一町村三百戸以上」を合併の基準とした。

一八八八（明治二十一）年四月に市制町村制が公布され、全国規模での町村合併が推進されることになった。合併は「同一県内で隣接する町村」を原則とした。ところが、岡山県の村が兵庫県に編入されるという、極めて珍しいケースが発生した。県境を飛び越えての編入の申し出は想定外のことだっただけに、政府も県も大いにあわてた。

岡山県の東端に位置する吉野郡の住民たちは、かねてから兵庫県佐用郡への編入を熱望していた。地理的な位置ばかりではなく、風土、習慣、人情などが佐用郡とよく似ている。経

済的な結びつきも強かったからである。そこで同年十二月、吉野郡八ヵ村（海内《みうち》、桑野、水根、奥海《おねみ》、真《さね》、上石井、下石井、中山）は、「国郡界更正の義願」と銘打った請願書を岡山県知事に提出した。吉野郡は岡山県の他地域とは山地で隔絶されており人的交流もない。それに対して、隣接する兵庫県佐用郡とは平地が連続しており、水源となる佐用川も吉野郡を貫流している。生活圏も佐用郡にある。藩政時代は明石藩の管轄下にあり、もともと吉野郡は兵庫県との関係のほうが深いというのが編入を求めるおもな理由である。しかし、岡山県にとってみれば、県の一部がもぎ取られるようなもので、簡単に容認できるものではない。吉野郡の住民たちは二度、三度と請願を繰り返すが、そのつど却下された。

一八八九年四月、いよいよ市制町村制が施行された。岡山県は他県より一足遅れ、同年六月に実施されることになった。越県合併が認められないため、ひとまず吉野郡七ヵ村（海内、桑野、水根、奥海、真、上石井、下石井）が合併して石井村になり、中山村は他村と合併して讃甘《さのも》村の一部に納まった。時期をうかがって再度、佐用郡への編入を目指すことになったのである。

郡内では編入運動がしだいに盛り上がり、翌年十一月、吉野郡石井村村長と吉野郡讃甘村大字中山人民総代の連名で、内務大臣西郷従道《つぐみち》に編入合併の請願書を提出した。受け入れる側の佐用郡でも、編入を認めてくれるよう内務大臣や岡山県知事に積極的に働きかけた。だが県境というハードルがあまりに高すぎたのか、実現するには至らなかった。

しかし、吉野郡の住民たちの熱意ある訴えに、政府もしだいに態度を軟化させ、最初の請願から八年目にあたる一八九六（明治二十九）年三月、悲願の編入合併が認められた。その条文には「岡山県美作《みまさか》国吉野郡石井村を兵庫県播磨《はりま》国佐用郡に編入し、岡山県美作国吉野郡讃甘村大字中山を兵庫県播磨国佐用郡江川村に編入する」とある。

これにより、吉野郡石井村は佐用郡石井村に、吉野郡讃甘村大字中山は佐用郡江川村大字中山になった。つまり、県境とともに国境も同時に変更されたわけである。石井村と江川村は一九五五（昭和三十）年三月、佐用《さよ》町、長《なが》谷《たに》村、平福町と合併して佐用《さよう》町になっている。

10

広島県の名勝帝釈峡があわや岡山県に

岡山県が望んだ越境合併。主張が通れば県内有数の景勝地が他県へ

明治の中ごろ、広島県と岡山県との間でも越県合併が浮上していた。岡山県の東部が兵庫県へ持っていかれてしまった分を、広島県から取り戻そうと企んだわけでもないのだろうが、岡山県吉野郡が兵庫県佐用郡へ編入されたのと時を同じくして、広島県の東部を岡山県へ編入しようとする動きがあった。

一八九五（明治二十八）年末の帝国議会において、岡山県選出の代議士守屋此助《このすけ》らが「岡山県広島県境界変更並《ならびに》広島県下郡界変更法律案」なるものを提出した。広島県では郡制の施行が他県より遅れており、郡の統廃合もあまり進展していなかった。岡山県はそこにつけ込み、広島県東部の神石《じんせき》郡と奴可《ぬか》郡（現・比婆《ひば》郡）を合併させてひとつの郡として成立させ、その郡をそっくり岡山県に取り込むことを目論んだのである。この岡山県の動きは、寝耳の水だった広島県を大いにあわてさせた。

岡山県が広島県東部の編入を求めた最大の理由は、県域を広げて財政力を高めようと考え

Ⅳ－10．岡山・広島県境と帝釈峡

たわけではなく、じつは治水問題にあった。

岡山県は瀬戸内海に注いでいる高梁《たかはし》川の氾濫に、これまでしばしば悩まされてきた。特に明治二十七、二十八年には立て続けに大きな被害に見舞われている。これも上流の広島県を流れている東城川などで、砂鉄の採取を行なっていることに原因がある。砂防工事を進めていく上で、河川流域が同じ県の管轄でなければ多額の費用を注ぎ込んでも十分な成果が上げられない。よって、高梁川上流域の神石郡と奴可郡の大半の地域を、岡山県に編入すべきだと主張したのである。

これに対して広島県側は、水害の原

因は岡山県内での伐採にある。しかも土砂の流出は上流からのものではなく、中流域の岡山県から流れたものである。県の管轄が異なっていても河川の一貫管理は可能であると反論。両者の言い分は真っ向から対立した。

広島県内の関係市町村では岡山県の動きに危機感を持ち、「広島岡山県界非変更同盟」を組織して陳情書を政府や県知事に提出するなど、猛然と反対運動を展開した。翌年三月の帝国議会では、予想していた通り岡山県選出の代議士によって編入法案が提出され、治水工事を進めていく上で上流の地域を岡山県へ編入させることが不可欠であることを強調した。

一方、広島県選出の議員は、上流域住民と広島県内の他地域との人的、経済的な結びつきは強く、人情風俗なども共通していることを訴えた。その地域をいまさら断ち切ることなどできようはずがない。県境を変更せずとも治水工事は十分可能だ、と反論した。

議会では両者の激しい論戦が繰り広げられたが、採決の結果、県境変更の法案は反対多数で否決され、広島県側は安堵の胸を撫で下ろした。

もし、岡山県の主張が通っていれば、広島県有数の景勝地として知られる帝釈峡《たいしゃくきょう》など、比婆道後帝釈国定公園の大半の地域を岡山県に持っていかれることになっていたのだ。また、広島県と岡山県の面積が逆転するところだった。

11 県境をまたぐナンバープレート

地域振興・観光振興の観点で登場したご当地ナンバーが県境を飛び越えた

自動車のナンバープレートには、必ず地名が表示されている。その地名には都道府県名、あるいは都市名が使われているのが普通だが、二〇〇八年の十一月、全国で初めて県境にそびえる山の名前が表記されたナンバープレートが登場。これによって同じ地名のナンバープレートが、隣の県にまたがって存在することになった。

わが国で初めて自動車が走ったのは一八九九（明治三十二）年。当初は自動車にナンバープレートを装着する義務はなかった。ナンバープレートの制度が導入されたのは一九〇七（明治四十）年。ナンバープレートに地名が表記されるようになったのは、自動車が増加し始めた一九五五（昭和三十）年のことで、都道府県名の頭文字が表記された。ただし、同じ頭文字の府県と区別するため、山形、山梨、福島、福井、愛媛、大分、長崎、宮崎の八県は二文字で表記された。

全国の自動車ナンバー一覧

都道府県	ナンバー名	交付対象地域（2006年9月まで）	運輸支局および自動車検査登録事務所所在地
北海道	札幌	札幌市、江別市、千歳市など	札幌市
	旭川	旭川市、留萌市、稚内市など	旭川市
	函館	函館市など	函館市
	室蘭	室蘭市、苫小牧市、伊達市など	室蘭市
	帯広	帯広市など	帯広市
	釧路	釧路市、根室市など	釧路市
	北見	北見市、網走市、紋別市など	北見市
青森県	青森	青森市、弘前市、むつ市など	青森市
	八戸	八戸市、十和田市、三沢市など	八戸市
秋田県	秋田	秋田県全域	秋田市
岩手県	岩手	岩手県全域	紫波郡矢巾町
宮城県	宮城	宮城県全域	仙台市
山形県	山形	山形市、米沢市、新庄市など	山形市
	庄内	鶴岡市、酒田市など	東田川郡三川町
福島県	福島	福島市、郡山市、会津若松市など	福島市
	いわき	いわき市など	いわき市
茨城県	水戸	水戸市、日立市、鹿嶋市など	水戸市
	土浦	土浦市、つくば市、古河市など	土浦市
栃木県	宇都宮	宇都宮市、日光市、那須塩原市など	宇都宮市
	とちぎ	佐野市、足利市、小山市など	佐野市
群馬県	群馬	群馬県全域	前橋市
埼玉県	大宮	さいたま市、川口市、上尾市など	さいたま市
	熊谷	熊谷市、行田市、秩父市など	熊谷市
	春日部	春日部市、越谷市、草加市など	春日部市
	所沢	所沢市、川越市、飯能市など	所沢市
千葉県	千葉	千葉市、銚子市、佐倉市など	千葉市
	習志野	船橋市、習志野市、市川市など	船橋市
	野田	野田市、松戸市、柏市など	野田市
	袖ヶ浦	袖ヶ浦市、市原市、館山市など	袖ヶ浦市
東京都	品川	品川区、千代田区、世田谷区など	品川区
	足立	足立区、台東区、江戸川区など	足立区
	練馬	練馬区、新宿区、文京区など	練馬区
	多摩	立川市、武蔵野市、国立市など	国立市
	八王子	八王子市、日野市、青梅市など	八王子市
神奈川県	横浜	横浜市、横須賀市、鎌倉市など	横浜市
	川崎	川崎市	川崎市
	相模	相模原市、厚木市、大和市など	愛甲郡愛川町
	湘南	平塚市、藤沢市、小田原市など	平塚市
新潟県	新潟	新潟市、新発田市、佐渡市など	新潟市
	長岡	長岡市、上越市、糸魚川市など	長岡市
富山県	富山	富山県全域	富山市

石川県	石川	石川県全域	金沢市
福井県	福井	福井県全域	福井市
長野県	長野	長野市、上田市、佐久市など	長野市
	松本	松本市、大町市、飯田市など	松本市
山梨県	山梨	山梨県全域	笛吹市
静岡県	静岡	静岡市、藤枝市、島田市など	静岡市
	浜松	浜松市、掛川市、袋井市など	浜松市
	沼津	沼津市、富士宮市、下田市など	沼津市
岐阜県	岐阜	岐阜市、大垣市、中津川市など	岐阜市
	飛騨	高山市、飛騨市、下呂市など	高山市
愛知県	名古屋	名古屋市、半田市、津島市など	名古屋市
	三河	豊田市、岡崎市、刈谷市など	豊田市
	尾張小牧	小牧市、一宮市、瀬戸市など	小牧市
	豊橋	豊橋市、豊川市、蒲郡市など	豊橋市
三重県	三重	三重県全域	津市
滋賀県	滋賀	滋賀県全域	守山市
京都府	京都	京都府全域	京都市
大阪府	大阪	寝屋川市、豊中市、東大阪市など	寝屋川市
	和泉	和泉市、堺市、岸和田市など	和泉市
	なにわ	大阪市	大阪市
奈良県	奈良	奈良県全域	大和郡山市
和歌山県	和歌山	和歌山県全域	和歌山市
兵庫県	神戸	神戸市、宝塚市、明石市など	神戸市
	姫路	姫路市、赤穂市、豊岡市など	姫路市
鳥取県	鳥取	鳥取県全域	鳥取市
島根県	島根	島根県全域	松江市
岡山県	岡山	岡山県全域	岡山市
広島県	広島	広島市、呉市、三次市など	広島市
	福山	福山市、尾道市、庄原市など	福山市
山口県	山口	山口県全域	山口市
香川県	香川	香川県全域	高松市
徳島県	徳島	徳島県全域	徳島市
愛媛県	愛媛	愛媛県全域	松山市
高知県	高知	高知県全域	高知市
福岡県	福岡	福岡市、宗像市、太宰府市など	福岡市
	北九州	北九州市、行橋市、豊前市など	北九州市
	久留米	久留米市、大牟田市、朝倉市など	久留米市
	筑豊	飯塚市、直方市、田川市など	飯塚市
佐賀県	佐賀	佐賀県全域	佐賀市
長崎県	長崎	長崎市、対馬市、五島市など	長崎市
	佐世保	佐世保市、平戸市、松浦市など	佐世保市
熊本県	熊本	熊本県全域	熊本市
大分県	大分	大分県全域	大分市
宮崎県	宮崎	宮崎県全域	宮崎市
鹿児島県	鹿児島	鹿児島県全域	鹿児島市
沖縄県	沖縄	沖縄県全域	浦添市

「山」は山口、「福」は福岡、「愛」は愛知、「大」は大阪、「長」は長野、「宮」は宮城県のことである。東京だけは地名を表記しなくてもよかった。

各都道府県で複数の地名がついたナンバープレートが導入されたのは一九六二年からで、まず東京都で「品」、「足」、「練」、「多」の四種類が登場。翌年には大阪府が「大阪」と「泉」に、神奈川県が「神」から「横浜」と「相模」に、兵庫県が「兵」から「神戸」と「姫路」に、福岡県が「福」から「福岡」と「北九州」に分割された。

それ以降、地名の数は年を追うごとに増加していき、二〇〇六（平成十八）年には八十七種類にまでなった。

同年十月にはご当地ナンバーの制度が導入されて、一気に十八種類の地名が加わった。さらに二〇〇八年十一月四日、ご当地ナンバーが新たにひとつ加わることになった。それが静岡と山梨の二県にまたがる「富士山」ナンバーである。

これまで、ナンバープレートには運輸支局および自動車検査登録事務所の名称を使うことを原則としていたが、ご当地ナンバーの導入でそれが大きく崩れ、「富士山」という予想もしていなかったナンバープレートを生むことになった。

山名をナンバープレートの地名として使うのは全国初、もちろん同じ地名をふたつの県で共有するというのも初めてのことである。富士山は静岡、山梨両県の共有財産であるととも

ご当地ナンバーの種類と交付対象地域

ナンバー名	払出支局等	交付対象地域
盛岡	岩手	盛岡市、八幡平市、滝沢市、紫波郡紫波町、矢巾町
平泉	岩手	一関市、奥州市、胆沢郡金ヶ崎町、西磐井郡平泉町
仙台	宮城	仙台市
会津	福島	会津若松市、喜多方市、只見町、北塩原村、南会津町など
郡山	福島	郡山市
つくば	土浦	古河市、結城市、下妻市、常総市、つくば市、守谷市など
那須	栃木	大田原市、那須塩原市、那須町
高崎	群馬	高崎市、安中市
前橋	群馬	前橋市、北群馬郡吉岡町
川越	所沢	川越市、坂戸市、鶴ヶ島市、毛呂山町、越生町
川口	埼玉	川口市
越谷	埼玉	越谷市
柏	野田	柏市、我孫子市
成田	千葉	成田市、富里市、神崎町、多古町、山武市、芝山町、横芝光町
杉並	練馬	杉並区
世田谷	東京	世田谷区
富士山	山梨	富士吉田市、道志村、山中湖村、鳴沢村、富士河口湖町など
富士山	沼津	富士宮市、富士市、御殿場市、裾野市、小山町、芝川町
伊豆	沼津	熱海市、三島市、伊東市、下田市、伊豆市、伊豆の国市など
金沢	石川	金沢市、かほく市、津幡町、内灘町
諏訪	松本	岡谷市、諏訪市、茅野市、下諏訪町、富士見町、原村
一宮	小牧	一宮市
豊田	西三河	豊田市
岡崎	西三河	岡崎市、幸田町
春日井	小牧	春日井市
鈴鹿	三重	鈴鹿市、亀山市
堺	和泉	堺市
倉敷	岡山	倉敷市、笠岡市、井原市、浅口市、里庄町、矢掛町
下関	山口	下関市
奄美	奄美	奄美市、大島郡大和村、宇検村、瀬戸内町、与論町など

に、日本のシンボルでもあるだけに、富士山の名を特定の地域の人たちだけで独占していいものかと思った人も少なくなかったようだ。しかし、地元では好意的に受け入れられ、観光振興にも効果大と期待されている。

「富士山」ナンバーの交付が受けられる自治体は、静岡県の六市町（富士宮市、富士市、御殿場市、裾野市、小山町、芝川町）と山梨県の七市町村（富士吉田市、富士河口湖町、西桂町、忍野《おしの》村、山中湖村、鳴沢村、道志村）だけである。

12 県の枠組みを越えた試み

県境を越えて、経済・文化の結びつきを見直す動きが全国で始まった

県境は、ときの権力者が人為的に引いたものだといえる。そのため、これまで県境をめぐるトラブルが絶えなかった。紛争を繰り返しながら落ち着いた現在の県境も、果たして時代に即したものであるかということになると、はなはだ疑問が残る。明治初期に線引きされた県境が、長い年月を経過する間に、時代にそぐわないものになっている。それは、経済的、文化的な結びつきの強い市町村が、県境を越えて連携を深める県境サミットなるものが各地で組織化され、活発に活動をしていることからもわかる。

県境サミットの代表的なもののひとつに、「中国山地県境市町村連絡会議」なるものがある。この県境サミットは、一九九三年に鳥取、島根、広島、岡山四県の、中国山地を挟む十六市町村の参加で発足した。十六市町村はいずれも県庁から遠く離れた過疎の町で、高齢化も深刻、財政難にあえいでいることでも共通していた。

このまま策も施さずに手をこまねいていたら、ますます過疎化に拍車がかかるだろう。行

政サービスの低下は避けられないし、住民の暮らしも成り立たなくなる。そこで、県境や市町村境の垣根を取り払い、同じ悩みを持つ自治体が手を取り合い、交流を深めて地域の発展を図っていこうというのが県境サミットの目的でもある。

十六市町村は、かつてはタタラ製鉄という共通の産業で結びつきも強かったが、産業が振るわなくなるにつれ交流も希薄になりつつあった。そこで、もう一度各市町村が知恵を出し合い協力し合って、和牛ブランドの育成や観光事業など、産業の振興に取り組むとともに、行政の効率化も図る。各市町村が連携をとれば、既存の施設や公用車などを有効に活用することができる。また、災害時の支援体制を強化するなど、県境、市町村境の枠を越えて協力体制を敷き、結びつきをより強固なものにして住民の暮らしを支えていこうというのである。

平成の大合併で市町村の枠組みが大きく変ったため、この県境サミットも二〇〇五年にいったんは解散したが、二〇〇七年に再結成。鳥取県（日南町）、島根県（安来市、奥出雲町）、広島県（庄原市）、岡山県（新見市、新庄村）の四県六市町村の枠組みでの再出発となった。

県境サミットはこのほかにも全国各地にある。この地方だけでも、鳥取県東部と兵庫県北西部八町で組織する「因但県境自治体会議」や、兵庫と岡山の県境に接する市町村による「兵庫・岡山両県隣接市町村地域振興協議会」、岡山・鳥取両県の隣接市町村による「岡山県と鳥取県の県境を越えた町村間の交流連携会議」などがある。ほかの地域でも、福井県の若狭地方と滋賀県の北部地域による「福滋県境交流促進協議会」、愛知県の東部と静岡県の西部、長野県の南部地域の市町村で組織する「三遠南信地域交流ネットワーク会議」、それに「富士箱根伊豆交流圏市町村ネットワーク会議」など県境サミットは各地にあり、県境、市町村境という行政区分の境界線にとらわれずに、活発に交流している自治体は多い。

これらの県境サミットは、越県合併を積極的に進めて、県の枠組みを再編しようというような大胆な取り組みでは決してない。あくまでも隣接する自治体との交流を深めることを主眼としており、県境サミットに参加する各自治体がひとつの事業に取り組んで地域の発展を促すなど、過疎化しつつある地域の活性化と住民たちの生活を守ることが主な目的である。

●観光をテーマに連携を図る

一方、「観光」を共通のテーマとして、県境を越えて連携を図っている組織もある。長野、岐阜、富山の三県にまたがって、わが国屈指の山岳美を誇る北アルプスが南北に連なっている。これだけ大きな観光資源を、周辺の市町村がこれまで十分に生かしてきたかというと、そうとは言い切れない。県境が障害となり、自治体間の連携が弱かったことは否めないだろう。

行政区域が異なっているため、各県、各市がそれぞれ独自に観光事業に取り組み、観光PRなどもそれぞれ別々に行なってきたので、十分に効果を上げることができなかった。そこ

Ⅳ－12．ジャパンアルプス広域観光連携会議

で三県の関係する自治体が結束し、北アルプスを共通の資源として連携を取り合う。そして国内外に対し、もっと活発にPRして観光客の誘致を図ろうと、二〇〇八年七月、「ジャパンアルプス広域観光連携会議」なる組織が立ち上げられた。この組織のメンバーは長野県の松本、大町、安曇野、塩尻の四市と、岐阜県の高山、飛騨の二市、それに富山県富山市の三県七市（平成の大合併前の三十六市町村）である。

この地域には、乗鞍岳や槍・穂高連峰など名だたる名峰が連なる北アルプスばかりではなく、山麓の名湯、立山黒部アルペンルート、国宝松本城、安曇野、小京都高山、奈良井宿など、魅力あふれる観光地が数多い。これらの観光資源を一体化させた商品開発を行ない、パンフレットやホームページなどでPRするとともに、旅行業者にも積極的に働きかけてツアー客の誘致も図る。各市単独で行なうより宣伝効果は格段に高くなるはずだし、効率的でもある。

最近は日本の美しい自然や文化を求め、韓国や中国、台湾などアジアからの観光客も急増している。しかも、外国旅行者は長期滞在して広範囲を旅行する傾向にあることから、これら外国人旅行者をいかにこの地域に取り込み、一日でも多く滞在してもらうかも大きなポイントになっている。

だが、長野、岐阜、富山三県の境界になっている北アルプスが、導入が検討されている道州制では、三道州の境界になる可能性も高い。十一道州案もしくは十三道州案がもし採用されると、これから連携を強化して観光客の誘致を図ろうとしている「ジャパンアルプス広域観光連携会議」の三県七市は、三つの道州に分割されることになる。道州制への移行が止むを得ないことだとしても、昔からの地域的なつながりなども十分に考慮した区分けを検討してもらいたいものである。

13

日本一摩訶不思議な福島・山形・新潟三県の県境

わずか幅一メートル弱の福島県が七・五キロも続くわけ

福島、新潟、山形の三県が接する地点に、摩訶不思議な県境が走っている。福島県の西北端にそびえる三国岳から、新潟と山形両県の境目を割り裂き、飯豊《いいで》山頂を目指して、並行した二本の県境がニョキニョキと伸びているのである。その幅はおよそ三尺というから、一メートルにも満たない。ということは、ひと跨ぎで新潟県から福島県を通り越して、山形県に着地できるということである。

飯豊山の山頂付近からやや幅は広くなるものの、福島県の細々とした県域はさらに御西岳《おにしだけ》まで続く。三国岳から御西岳までの距離は、何と七・五キロメートルあまりもあるのだ。いったいこの奇妙な県境は、何を意味しているのだろうか。

これは明治時代、福島県の県庁が北東端に偏りすぎているという理由から発生した県庁移転をめぐる紛争に起因している。この問題そのものは、広大な福島県の北西部（東蒲原郡）を新潟県に移管することで県庁移転問題を廃案とし、一応の決着をみたものの、飯豊山の帰属をめぐる県境紛争が新たな問題として浮上してきた。

東蒲原郡が福島県から新潟県に移管されたことから、これまで福島と山形の県境付近にそびえていた飯豊山が、新潟県側に組み込まれてしまったことから話がややこしくなったのだ。

飯豊山はどこにでもあるような山とは違い、五穀豊穣を祈る信仰登山が盛んな山である。福島県側の言い分は、飯豊山神社は一ノ木村（現・福島県喜多方市山都町《やまとまち》）に鎮座しており、したがって飯豊山頂にある飯豊山神社の奥の院も、一ノ木村の土地であるというものだった。

これに対し、新潟県の実川村《さねかわむら》（現・阿賀町《あがまち》）は、一八八八（明治二十一）年七月、新潟県知事に対し、飯豊山は古来越後の山であり、飯豊山神社は実川村の土地に鎮座している、税金も実川村で納めていると反論。一ノ木、実川両村の対立は県境紛争へと発展していった。これを打開するため、新潟、福島両県は国（内務大臣）の裁定を仰ぐことで合意した。

それから二十数年間は特に大きな進展は見られなかった。だが、このまま曖昧な状況が続くことは地域経済の発展を阻害しかねないと、一九〇七（明治四十）年八月、県の技師や査定官、両村長らが、実際に飯豊山に登頂して現地調査を実施。綿密に調べた結果、一ノ木村側の主張が全面的に認められることになり、飯豊山神社およびその境内、登山道は一ノ木村側に帰属するという裁定が下された。そのため、福島、新潟、山形三県が接する付近に、まるで蛇が這いずっているかのような、奇妙な県境がひかれることになったのである。

IV−13. へびのように細長い福島県の県境

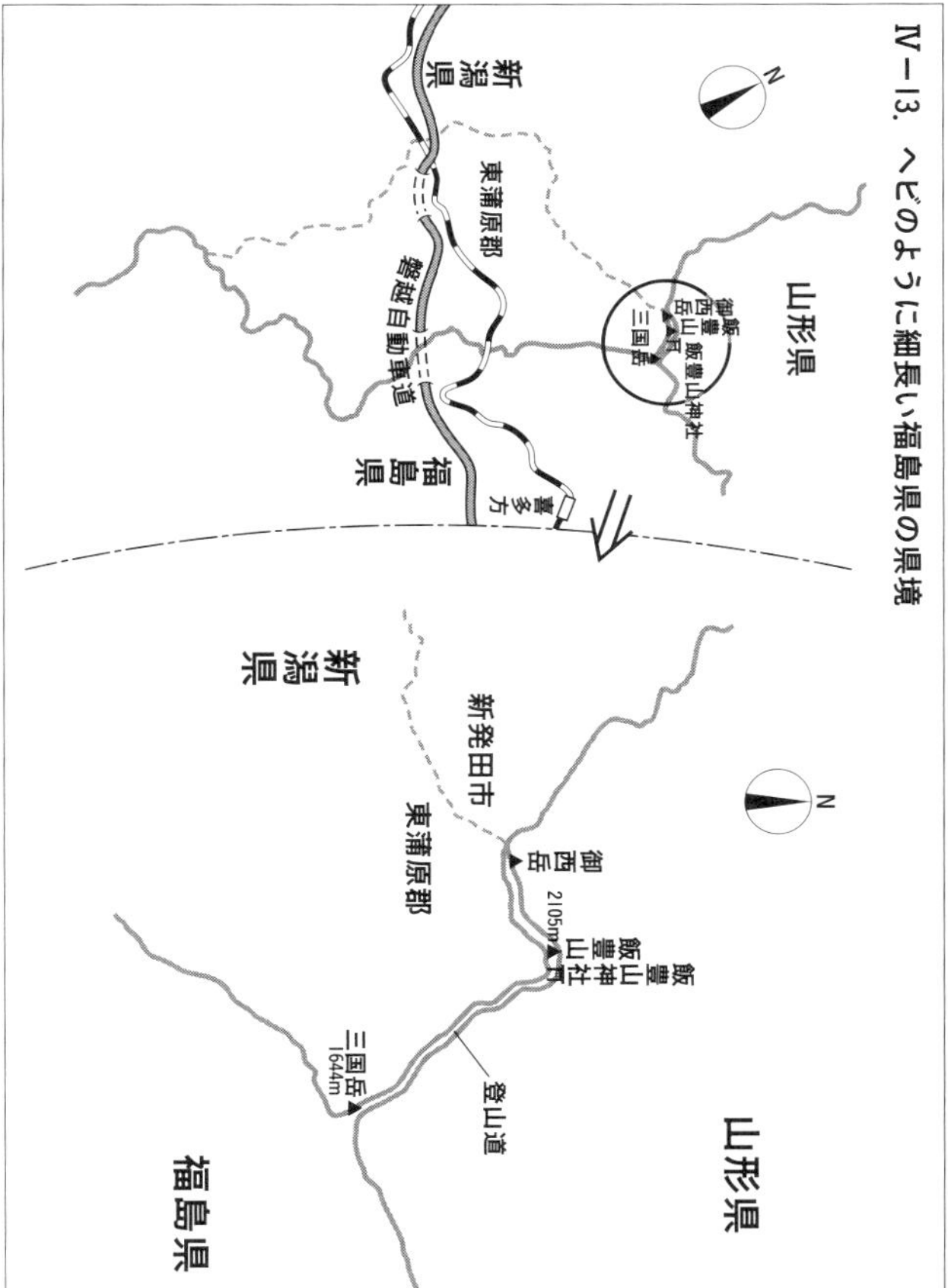

14

埋立地はどこに帰属する?

木曽岬干拓地をめぐる愛知県と三重県の争い

伊勢湾に注いでいる木曽川の河口付近は、江戸時代から干拓が盛んに行われてきた地だが、そこに面積四百四十三・四ヘクタールという、東京ディズニーランドの約五倍もある広大な木曽岬干拓地がある。一九六六（昭和四十一）年に三重県の要請で、国の直轄事業として着手されたものである。国は当初、干拓地の全域を三重県に組み込む予定であったが、愛知県がそれに待ったをかけた。干拓地と三重県の木曽岬町とのあいだは離れているが、愛知県側とは地続きになっている。そこから、干拓地の所有権をめぐる県境紛争に発展した。

「干拓事業は三重県の要請によって行われたものだから、干拓地の全域が木曽岬町のものだ」と主張する三重県側に対し、愛知県側は「干拓地は愛知県とは地続きになっており、弥富町（現・弥富市）の地籍もある。したがって、半分は愛知県にも権利がある」と主張。両者は真っ向から対立した。干拓事業は一九七三（昭和四十八）年に完了したものの、県境が確定していないため、両県とも勝手に干拓地を利用することができず、荒地のまま放置されることに

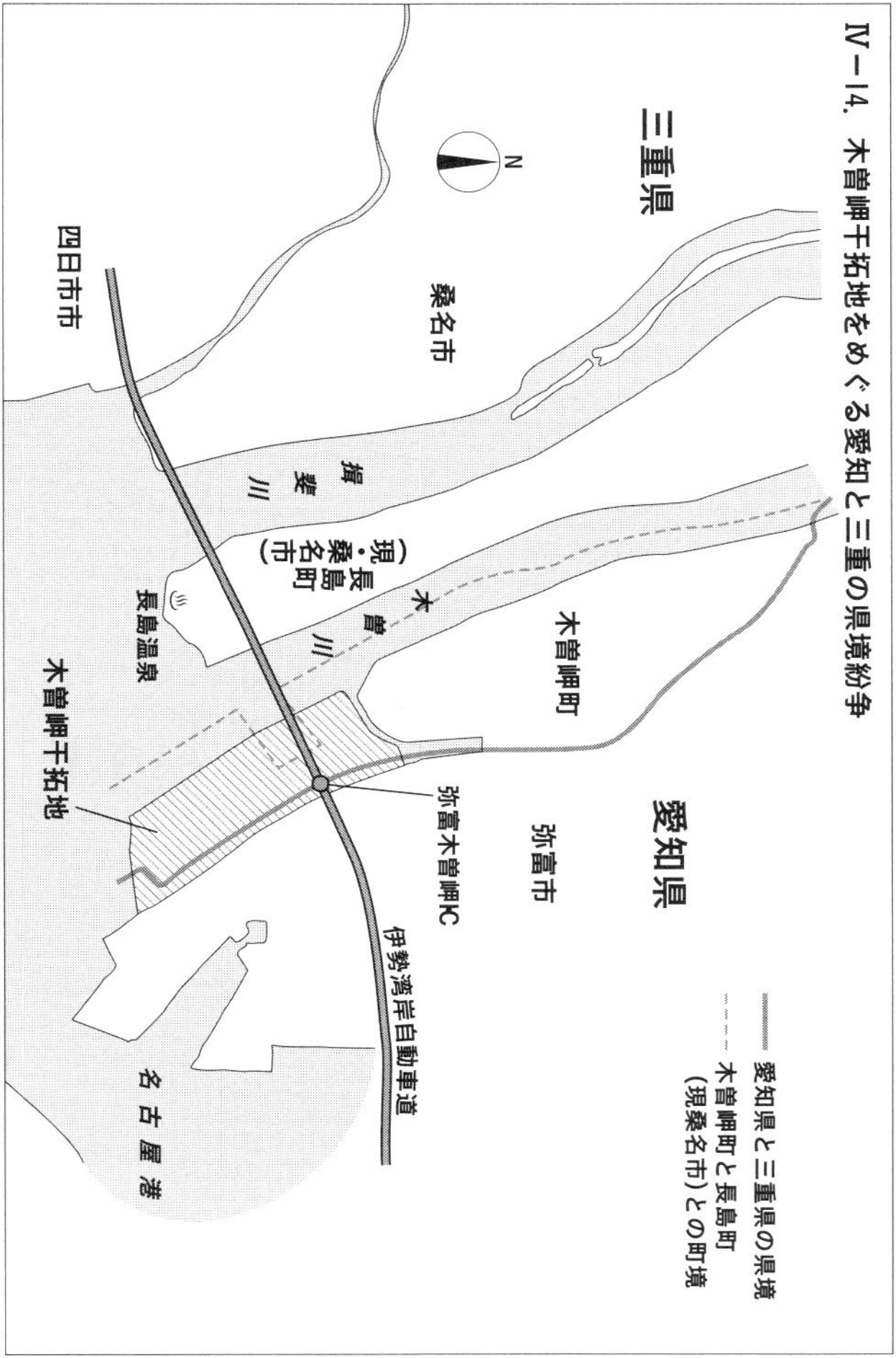

IV−14. 木曽岬干拓地をめぐる愛知と三重の県境紛争

なった。その間、東海農政局が調停に乗り出したり、愛知・三重両県の知事会談が行われるなどしたが、なかなか決着をみるには至らなかった。しかし、干拓地をこのまま放置しておくことは両県にとって得策ではないと悟ったのか、双方が歩み寄り、二十八年ぶりの一九九四（平成六）年にやっと合意に達した。愛知県側八十・九ヘクタール（約一八パーセント）、三重県側三百六十二・五ヘクタール（約八二パーセント）で決着したのである。

しかし、三重県側に編入された干拓地で、今度は町境をめぐる問題が発生した。干拓地には長島町（現・桑名市）の地籍も存在するので半分は長島町のものだというのだ。第二の境界紛争になることが懸念されたが、二年後の九六年、知事の裁定を両町が受け入れ、木曽岬町三百二十四・五ヘクタール、長島町三十八・五ヘクタールの、およそ九対一の配分になった。

長島町との町境が四角く切り取るような形になっているのは、農地に適した土地を確保したためだったという。しかし干拓事業が着手されてから三十余年経った二〇〇一（平成十三）年、愛知・三重両県は、干拓地を農地として利用することを断念した。というのも、干拓地の中を伊勢湾岸自動車道（第二東名・名神高速道路）が通り、弥富木曽岬インターチェンジも設置されている。東海北陸自動車道と交差する予定にもなっているため、一大物流拠点として利用したほうが、はるかに土地の付加価値が高まるからである。農業用地として開発された干拓地が、いまや宝の島としてもてはやされている。

15

県境を跨いで争われた水利権

関東の芦ノ湖、関西の水越川

土地や建物に所有権があるように、湖や川の水にも水利権というものがある。河川の水利権で争われるケースが多いが、まれに湖でも起こることがある。観光地として有名な箱根の芦ノ湖は、神奈川県にある湖だ。したがって、満面に湛えた湖水も、神奈川県のものだと思うに違いない。ところが、芦ノ湖の水利権は神奈川県にはなくて、静岡県が水利権を持っている。なぜなのだろうか。

江戸時代、深良村《ふからむら》（現・静岡県裾野市）の農民は毎年のように水不足に悩み、農作物も思うように収穫できず困窮していた。そこで深良村の名主大庭源之丞は、江戸の豪商に掛け合い、幕府の許可も取り付けて一六六六（寛文六）年から四年の歳月を費やし、芦ノ湖の水を深良村へ引き入れる用水を築造した。湖尻峠の下を貫通させた深良用水（箱根用水）である。

この水路の完成により、芦ノ湖から相模湾に注いでいた早川は湖尻水門で塞がれ、芦ノ湖の水は静岡県側に流されるようになった。静岡県側に洪水の恐れがあるときだけ、水門が開かれて神奈川県側に流される。ところがこの不合理さに不満を鬱積させていた神奈川県側の住民たちは遂に怒りを爆発させ、一八九三（明治二十六）年、逆川事件を引き起こした。湖尻水門を破壊して、芦ノ湖の水を神奈川県側に流れるようにしたのである。そこから神奈川、静岡両県のあいだで、水利権をめぐる紛争へと発展。裁判に持ち込まれることになった。結果は静岡県に先取得権があるとして、神奈川県の敗訴に終わった。以来、神奈川県は県内にある湖でありながら、芦ノ湖の水を自由に使えなくなったのである。

関西では大阪府と奈良県とのあいだで、水越川の水利権をめぐる紛争が発生していた。水越川は、大阪と奈良の府県境に連なっている金剛山地を水源としている。大阪平野へ流れていく川も、反対方向の奈良盆地へ流れていく川も同じ名前の水越川という。本来、水越川は河内（大阪）側に流れ込んでいた。しかし江戸時代の中頃、水不足に悩む大和（奈良）側の住民が、河内側に流れていく水越川の水を、幕府の許可なく分水界（国境）を越えて大和側へ引き込んだ。当時は河内側もさほど水を必要としなかったのか、トラブルは特に発生しなかった。

だが、河内側の開発が進むにつれて水の需要が高まり、水不足が深刻になってきた。河内側の住民が、大和側にある導水路を破壊して大和盆地に流れていく水越川の水を河内側に取り込んだことから、河内、大和双方の激しい紛争が繰り広げられることになるが、奉行所の

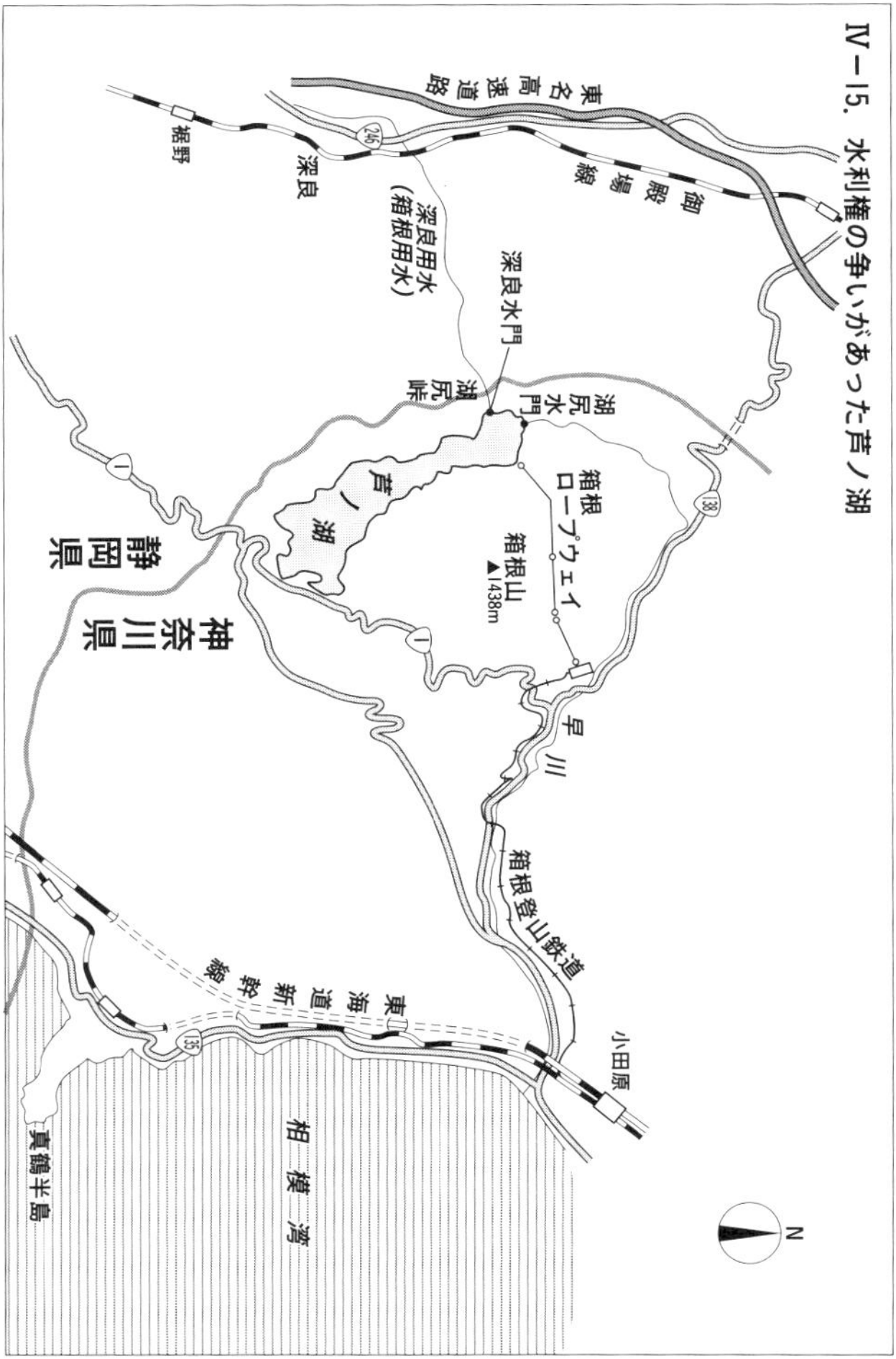

IV−15. 水利権の争いがあった芦ノ湖

裁定では、先取得権のある大和側に軍配が上がった。たとえ不正行為があっても、川の水は早い者勝ちということなのだろうか。

水は人間が生きていく上で必要不可欠なもので、水不足は死活問題になる。そのため、水利をめぐる争いは、これまで各地で発生している。

V

県境未定地の謎

1 県境未定地は全国にどれだけある？

県境、市町村境ともすべて確定しているのはたったの十県

そもそも、都道府県境のすべてが確定しているわけではない。県境未定地は意外に多いのだ。全国四十七都道府県のうち、二十一都県に県境未定地がある。未定地の面積は一万二千八百三十三平方キロ。これは岩手県の面積に匹敵する広さで、なんと日本の総面積の約三・四パーセントを占める。

県境未定地があっても、行政を運営していくうえで特に支障がないため、地元の人でさえ県境未定地があることを知らない人が多い。市町村境の未定地は、県境未定地の何倍もある。平成の大合併で未定地も大幅に減少したが、それでも県境、市町村境とも一〇〇パーセント確定しているのは青森、栃木、福井、奈良、島根、山口、徳島、愛媛、高知、長崎の十県だけである。

そもそも県境の未定地はなぜあるのか。これは藩政時代の遺物といえばいいのかもしれない。旧国の国境の未定地だったところが、そのまま県境の未定地となって現在まで引き継が

V－1．全国に存在する県境未定地

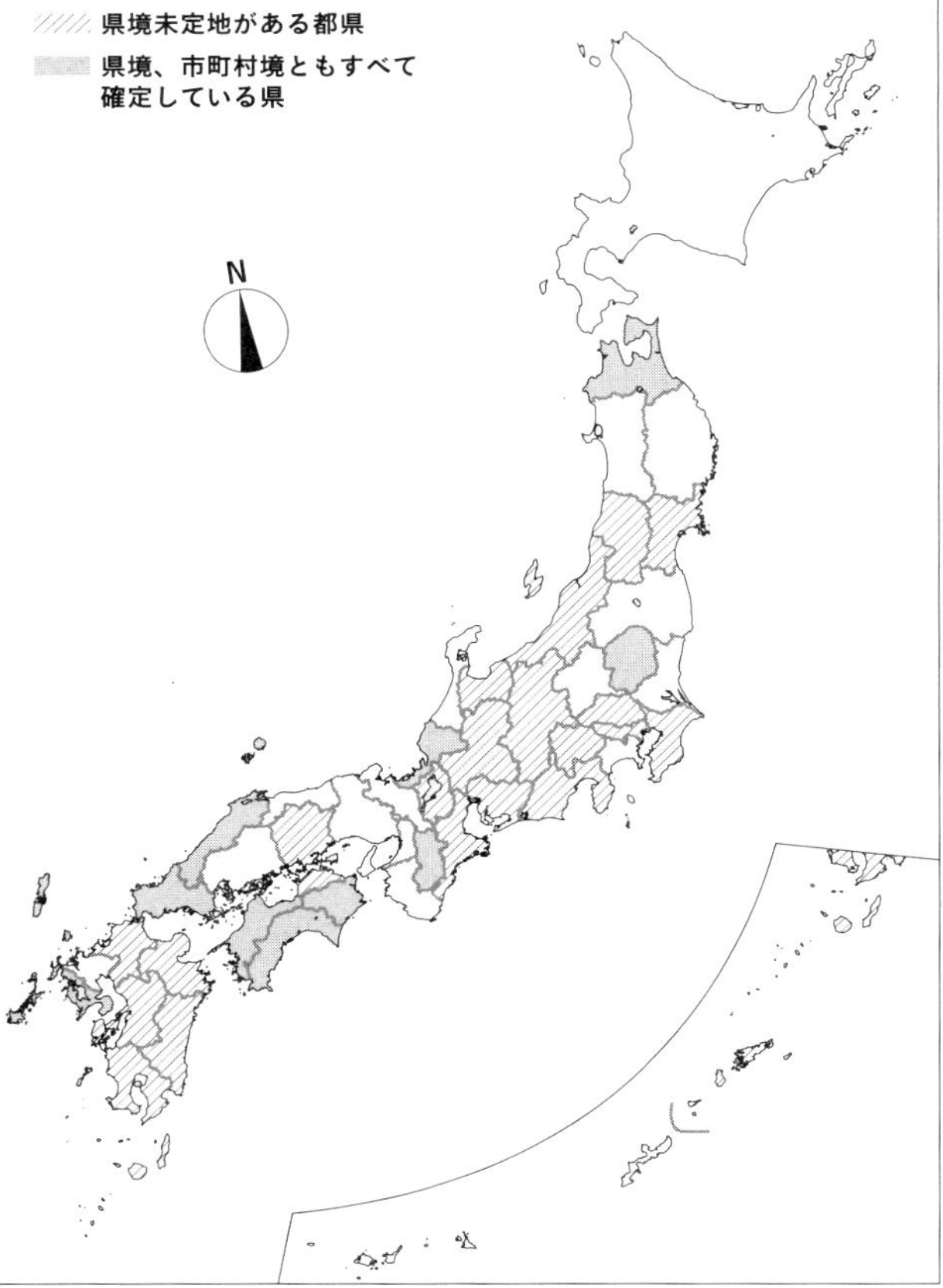

れているケースが多いのである。古代律令国家が成立して日本列島がいくつもの国に分けられたが、当時の国境はきわめて曖昧なもので、現在のように厳密に区分されていたわけではなかった。そのため開発が進み、利害関係が生ずるようになると、国境紛争へと発展し、紛争が繰り返されることによって次第に国境が固められていったわけだ。それでも人跡未踏の地域の国境は、ほとんどが未定地だといってもよかった。

国境を確定させた最大の功労者は、豊臣秀吉である。一五八二（天正十）年から一五九八（慶長三）年にかけて行った太閤検地《たいこうけんち》で、秀吉は検地帳とともに、諸国の大名に命じて国絵図も作らせた。これが国境を明確にする大きな役割を果たしたのである。一六〇四（慶長九）年には、徳川家康も国絵図を作らせている（慶長国絵図）。その後も正保国絵図、元禄国絵図、天保国絵図などが作られ、何度も修正が加えられながら国境が確定していった。

廃藩置県では、県境を定めるにあたって旧国境を基本としたため、国境の未定地がそのまま県境の未定地として残った。もし明治新政府が、県境の細部にわたるまで明確に線引きしていれば、県境未定地はおそらく存在しなかっただろう。明治以降もたびたび県境紛争が発生し、次第に未定地も減少してきたが、それでも県境の未定地はまだ各地にある。完全に未定地が消滅するのはいつになるか予測はつかないが、行政も解消していく方向で動いていることは確かである。

2 青森と秋田の境界に横たわる十和田湖の県境はどこ？

養殖漁業の免許取得から発生した県境問題

青森県と秋田県の境界に横たわる十和田湖は、全国から多くの旅行者が訪れる東北屈指の景勝地で、両県にとってはドル箱的な存在の観光地である。しかし、一八七一（明治四）年から二〇〇八（平成二〇）年までの長きにわたり、十和田湖の湖面に、県境を示す境界線は記入されていなかった。県境未定地だったのだ。そのため、十和田湖の面積（六十一平方キロ）は日本の総面積に入っているが、青森と秋田両県の面積には含まれていなかった。各都道府県の面積を合計した数値と、日本の総面積の数値が合致していないのは、このような事情によるものである。

十和田湖の周辺はもともと南部藩の領域であったが、廃藩置県後の一八七一（明治四）年十一月に、十和田湖西側の鹿角郡《かづの》が秋田県に編入されたことにより、県境問題が発生することになった。当初は特に県境が問題になることはなかった。十和田湖には魚類がまったく生息していなかったし、周辺は原生林に覆われた未開地。利害関係が生じるような要素がなかったからである。県境問題が表面化してきたのは、十和田湖畔に人々が住み、十和田湖で魚類の養殖が行われるようになってからである。

一八九〇（明治二十三）年、十和田鉱山技師の和井内貞行と十和田鉱山所長の鈴木通貫、宇樽部《うたるべ》に住む三浦泉八の三名は、青森・秋田両県の知事に十和田湖での養殖願を提出。一八九三年に八年間の期限付きながら十和田湖使用の許可を貰った。養殖は失敗に終わったが、成功への足がかりは掴んだようである。

一九〇一（明治三十四）年に漁業法が施行されると、和井内貞行は彼らを出し抜いて、単独で秋田県に養殖願を申請し、漁業権の免許を取得した。十和田湖における漁業は和井内が独占することになったのである。和井内貞行といえば、支笏湖産のヒメマスの養殖を成功させた人物として知られ、その業績は高く評価されているが、一方では仲間を裏切った卑怯《ひきょう》者《もの》でもあったといえよう。

秋田県側にこのまま漁業権を独占させておくと、やがて十和田湖全域が秋田県の管轄になりかねないと、青森県は一九〇三（明治三十六）年、十和田湖の県境問題に関する協議を秋田県に申し込んだ。青森県は当初、十和田湖北岸の御鼻部山《おはなべやま》と、南岸の神田川の河口を直線で結んだ線を県境とすることを主張、秋田県もこれに同意した。

しかし、このラインを県境とすると、中山半島のほとんどが秋田県の領域になってしまう

V－2．十和田湖が県境未定だったころ

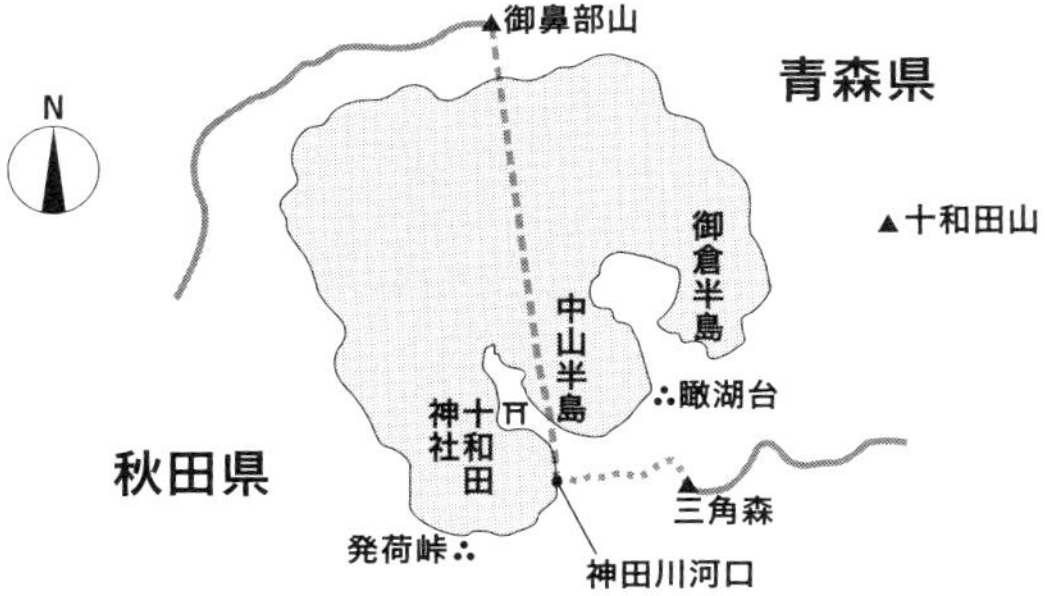

は、青森県が初めに提案した県境（すぐに撤回された）
三角森と神田川河口の間は慣行上の県境で、正式の県境ではない

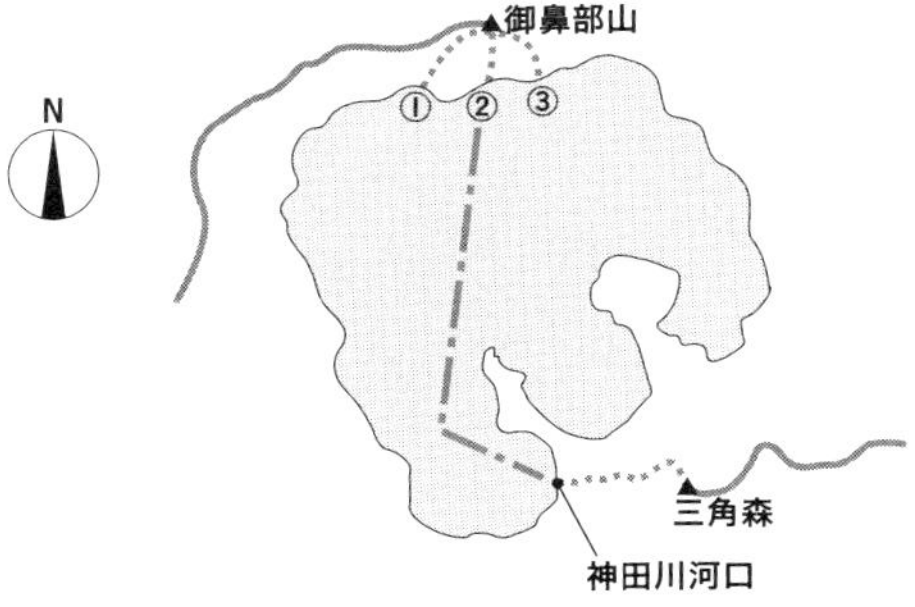

①十和田湖町（現十和田市が主張する桃の沢）
②特別委員会が合意した中間点
③小坂町が主張する旧営林局林班界
は、確定した県境

ばかりではなく、南部藩累代が崇敬していた坂上田村麻呂《さかのうえのたむらまろ》創建の十和田神社までもが秋田県側に持っていかれてしまうことが判明。そのため、青森県はこの提案を撤回。県境問題は白紙に戻った。それから紆余曲折が続いたが、一九五〇（昭和二十五）年に漁業法の改正で十和田湖の漁業権が和井内の独占から開放されて以来、漁業紛争、県境紛争は鎮静化した。

しかし、いずれは解決しなければならない問題である。二〇〇三（平成十五）年になって県境問題の解決を図るために、十和田湖町（現・青森県十和田市）と小坂町（秋田県）のあいだで協議が重ねられた。そして同年末には、①中山半島は十和田湖町（青森県、現・十和田市）に帰属する。②湖面の割合は十和田湖町六に対し、小坂町四とする。③湖北側の陸地部分は御鼻部山の山頂から、両町が主張する境界の中間点とする、という秋田県側が譲歩した内容で合意に達した。これで百三十年あまり懸案になっていた十和田湖の県境問題は、やっと解決するものと思われた。

ところが、土壇場になって小坂町が難色を示し、物別れに終わる。しかし、県境が確定していないことには、面積に応じて国から支払われる地方交付税交付金をもらうことができない。どの自治体も財政は逼迫している。背に腹は替えられないと、二〇〇八（平成二〇）年八月、意地とメンツをかなぐり捨て、お互いに譲歩して一三七年ぶりに県境が確定したのである。

3 消えたままの謎の県境

決着がついたはずの「信越国境争論」だが、今も山中に残る不思議な未定地

長野県の北端は新潟県の南端と接しているが、その県境の一部に未定地がある。日本海に注いでいる姫川と、雨飾山《あまかざり》の中ほどの地点、白池周辺の約七百メートルの区間が未定なのだ。どうしてここだけが確定していないのか定かでないが、一七〇〇（元禄十三）年から翌々年にかけて、信濃と越後との間で国境をめぐって争いが発生したことがある。県境未定地はそれが原因しているのではないかとも考えられる。当時の紛争の経緯は「信越国境争論」として古文書にも記されている。

山口村（越後、現・糸魚川市）の住民たちは、姫川支流の横川を越後と信濃の国境であると認識していた。それなのに、小谷《おたり》村（信濃）の住民が横川を越えて越後の領内に入ってきて、勝手に山の木を伐採したり、肥料にするための草木を採取したりしている。これをなんとかして欲しいと、山口村の住民たちが江戸幕府に訴訟を起こした。これが紛争の発端である。山口村の申し立てを受けて、幕府は元禄十四年四月、小谷村と山口村に対し、起誓文を

持参のうえ幕府評定所へ出頭し、そこで対決せよとの命令書を送りつけた。小谷村にとっては青天のへきれきであった。というのも、小谷村では昔から白池が国境であると認識していたので、自分たちの領地で何をしようが文句を言われる筋合いではないからだ。だが、売られた喧嘩は買わざるを得ない。小谷村では書類を取り揃えたり、地図を作成したりとあわただしく準備を整え、庄屋四名が代表者として幕府に出頭した。

山口村では、古来より横川と白池の間の区域で薪や草木を採取しており、越後の領地であることに間違いはない。白池が信越の国境だとする小谷村の提出した書類は偽物だと攻撃。これに対して小谷村は、横川と白池との間の区域には古くから松本領の百姓が住んでおり、一六四五（正保二）年の国絵図にも白池に国境線が引かれていると反論した。双方とも一歩も引こうとはしない。

幕府としても、どちらの言い分が正しいかの判断をしかねたため、元禄十五年五月、検視役の佐橋左源太、室七郎左衛門の両名をはじめ、五十名あまりを現地に派遣。幕府は両者の言い分をもとに徹底的に調査しようというのである。検視役はまず、山口村と小谷村の庄屋各二名を呼び出して事情聴取をするとともに、実地検分が開始された。

幕府の検視役は信濃と越後にそれぞれ十日間滞在し、緻密な調査、検証を行なうとともに両者の主張を裏付ける証拠の提出を求めた。しかし、信濃側が納得させるに十分な証拠を提

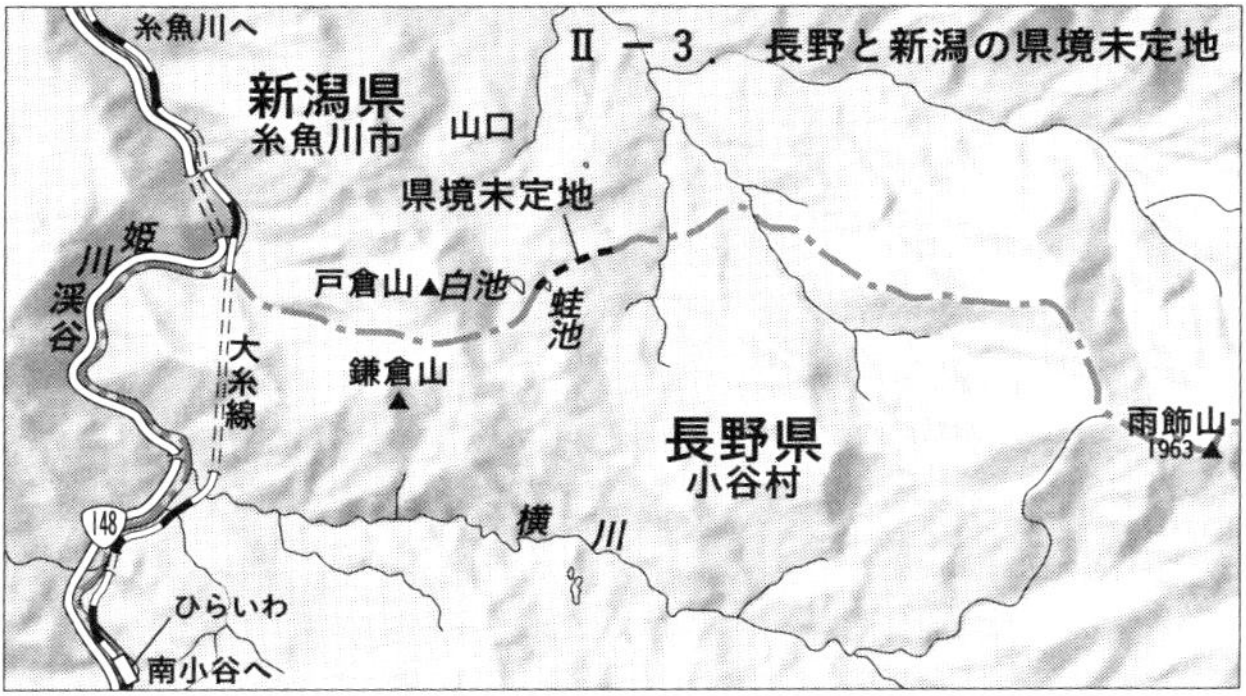

Ⅱ－3．長野と新潟の県境未定地

出したのに対し、越後側は主張を裏付けるような証拠を示すことができなかった。証拠の有無をもっとも重要視していた検視役は、信濃側に軍配を上げた。白池だけは、山口村の用水として不可欠なものだとして越後側に組み入れたが、それ以外は信濃側の主張がほぼ全面的に認められた形である。

このときに国境線は正式に決定した。なのになぜ、いまだに県境の未定地がそこに存在しているのだろうか。長野と新潟の県境は信濃と越後の国境をそのまま引き継いでいるので、県境に未定地が残っているのはおかしい。幕府の裁許で決定した後も、水面下で争いがくすぶり続けてきたとでもいうのだろうか。だが、それを裏付けるような資料は存在しておらず、なぜ七百メートルの区間だけが未定地として残っているのか、まったく謎なのである。

4 日本のシンボル富士山は誰のもの？

家康が寄進した山頂が浅間大社に返還されるまで

富士山は山梨と静岡の県境にそびえる成層火山で、日本のシンボルとして国民から親しまれている。両県に跨って裾野を広げているので、山頂も両県の境界上にあると思うかもしれないが、山頂には山梨と静岡の県境を示す標識はどこにも見当たらない。実は、富士山頂から東斜面五キロメートルほどのあいだが県境未定地になっているのである。

歴史をたどってみると、一六〇九（慶長十四）年に、徳川家康が富士山の八合目以上を浅《せん》間《げん》神社に寄進したことが古文書に記されている。富士山頂は富士本宮・浅間大社の御神体で、古くから多くの人々に信仰されてきた神聖な地である。それが明治初年、太政官布告により、寺社などの所有地が没収されて国有地になった。このとき、富士山の八合目以上も国有地にされてしまったのだ。それらの土地が、一八九九（明治三十二）年の国有林野法で、もとの持ち主である浅間大社に無償で貸し付けられることになった。

ところが、第二次世界大戦後に制定された新憲法で、政教分離が定められたため、寺社に

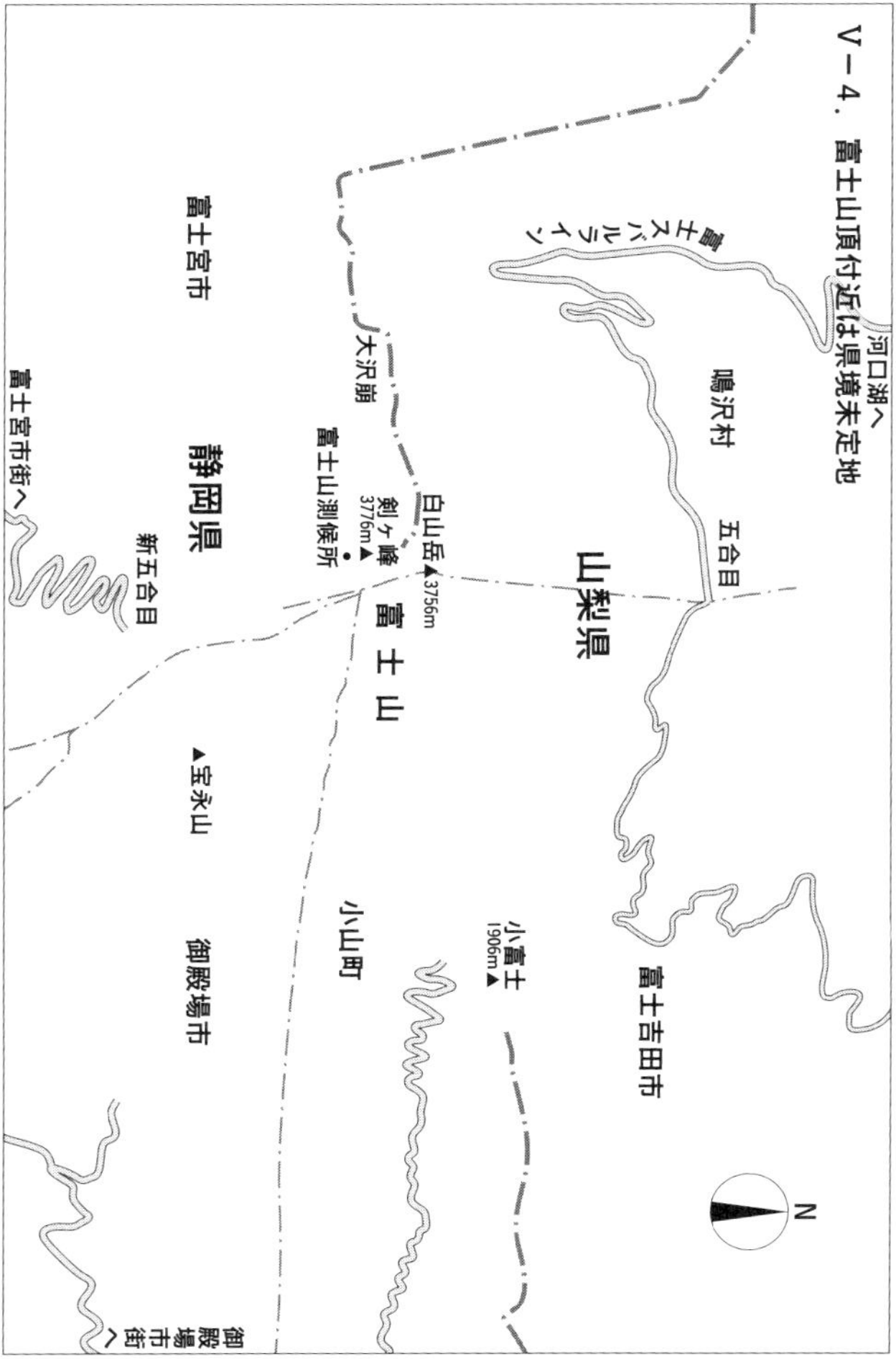

V－4. 富士山頂付近は県境未定地

土地の無償貸付ができなくなり、宗教活動に必要と認められた土地だけが無償で譲与されることになった。そこで浅間大社は一九四八（昭和二十三）年四月、富士山の八合目以上の土地四百万平方メートルあまりと、静岡県富士宮市にある本宮の敷地の譲与を大蔵省（現・財務省）に申請。これに対し大蔵省東海財務局は、五二（昭和二十七）年二月、「富士山は日本のシンボルであり、国民感情からみても山頂の私有地化は許すわけにはいかない」として、奥宮社殿など十六・五万平方メートルだけを譲与するという行政処分を出した。これが発端となって山梨県側を中心に、「日本のシンボル富士山を私有地化するな」と猛烈な反対運動が起き、東京新橋の西口広場で、私有地化反対の大集会が開かれたこともあった。

しかし、東海財務局の行政処分を不服とする浅間大社は、「山頂は富士山の御神体で、これがなくては宗教活動ができない」と、一九五七（昭和三十二）年、名古屋地裁に行政訴訟を起こした。それ以来、国と浅間大社とのあいだで十七年間にわたって争われた山頂問題も、一九七四（昭和四十九）年四月、最高裁第三小法廷は、神社側勝訴の一、二審判決を支持して、国側の訴えを退けた。これによって、富士山八合目以上の土地四百万平方メートルあまりのうち、気象庁の山頂観測所や登山道などを除く三百八十五万平方メートルが、大社側に無償で譲与されることになったのである。

しかし、富士山頂付近が県境未定地であったため登記ができず、三十年あまり宙に浮いたままになっていた。だが、二〇〇六年には浅間大社が造営されてから千二百年を迎えるため、その前に決着をつけたいという神社側の要望で、とりあえず県境問題は棚上げにして二〇〇四（平成十六）年十二月、東海財務局は土地無償譲与の通知書を神社側に交付。徳川家康が寄進して以来、約四百年ぶりに富士山頂は浅間大社に戻った。だが、県境問題は未解決のままである。

5 東京二十三区にも境界未定地がある

都県境が未確定の「河原番外地」は両地域交流の場

日本の中心にある東京二十三区にも、境界の未定地が存在する。千代田、中央、港、江東、葛飾、江戸川の六区に境界未定地があり、そのうち江戸川区は千葉県浦安市と市川市とのあいだに、葛飾区は埼玉県三郷市とのあいだに、都県境の未定地を抱えている。

これら六区の境界未定地は、ほとんどが水面上にあるが、東京都江戸川区と千葉県との都県境未定地も、その境界を流れている江戸川に関わりがある。

江戸川区と浦安市との境界未定地は、旧江戸川の河口部にある。東京湾岸は開発が著しく、埋立地で埋め尽くされているといった感さえある。浦安市にある東京ディズニーランドも、江戸川区の葛西臨海公園も、埋立地に建設されたものであることはよく知られている。これら沿岸部の埋め立てにより、海岸線が以前と比べ大きく変わってしまった。そのため、湾岸道路から河口までのあいだに、境界未確定の区間が発生することになったのである。

いっぽう、江戸川区と市川市との境界未定地は、江戸川と旧江戸川の分岐点にある。東京と千葉の境界は、昔から「江戸川の中心線」ということで双方の意見は一致していた。だが、

V－5❶. 江戸川・旧江戸川合流点にある都県境未定地

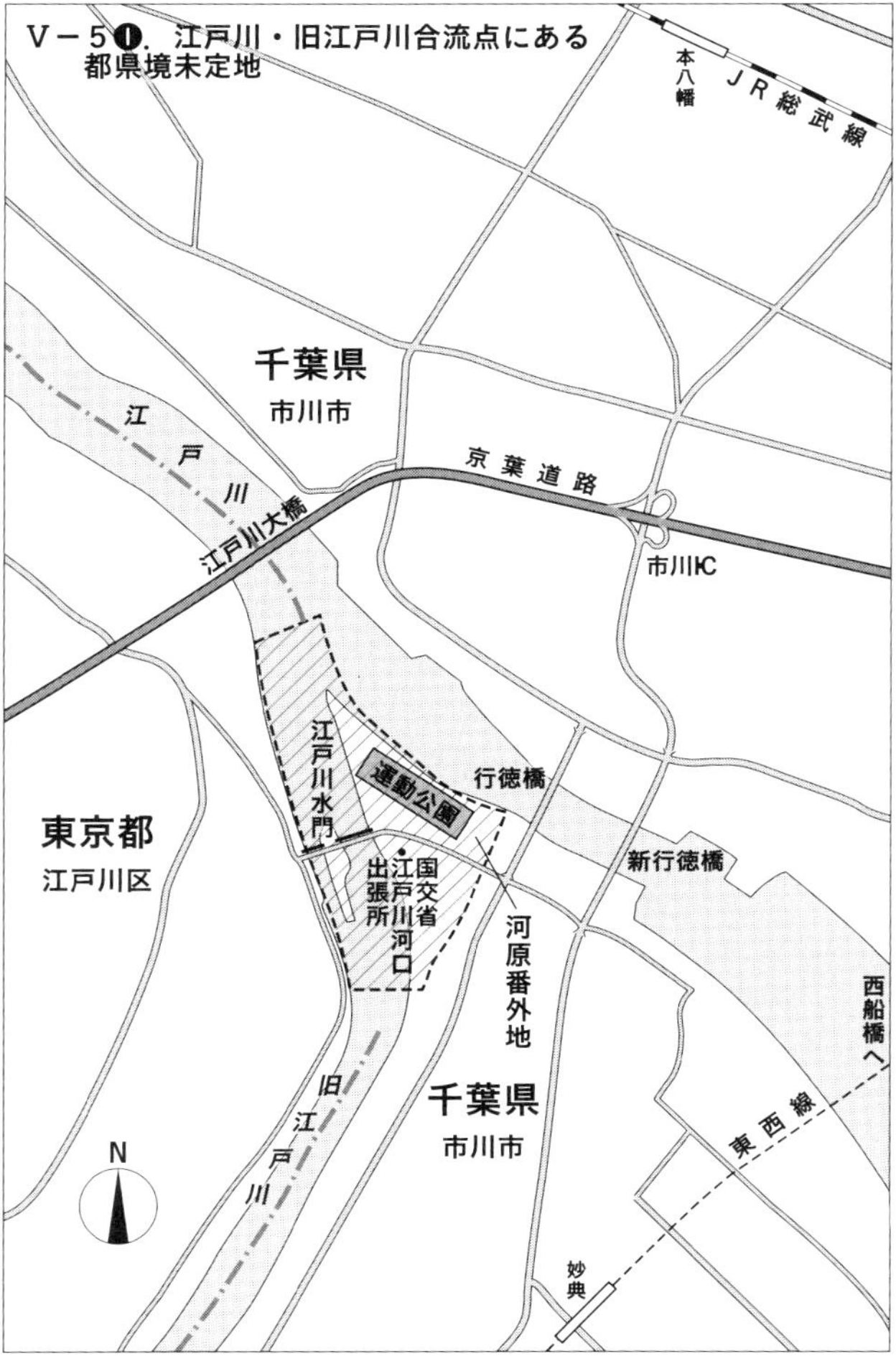

江戸川の氾濫を解消するため、大正時代に河川の直線化工事が行われた。江戸川放水路（江戸川）が築造されたのである。これにより旧江戸川の流れが変わり、あるところでは川岸が侵食され、あるところでは中洲が形成された。「あくまでも境界は江戸川の流れの中心線だ」と主張する市川市と、「境界は中洲の中央部だ」と主張する江戸川区が対立し、そこから境界線をめぐる争いが発生するようになった。

境界未定地になっている中洲は「河原番外地」といわれ、ここには国土交通省江戸川河口出張所や運動公園などがある。だが、東京と千葉の都県境が未定地のままだと、火災発生時などに責任の所在が曖昧になって混乱を招く恐れがあるとして、暫定的に国土交通省江戸川河口出張所周辺は東京消防庁が、運動公園などは市川市消防局が担当している。

そういったこともあって、境界の確定を早期に実現させようとする動きもあるが、江戸川の河川敷で江戸川区、市川市合同で防災訓練を行ったり、花火大会を共催したりするなど両地域の関係は良好である。境界線を無理に決めて住民感情をギクシャクさせるより、「河原番外地」を両地域の交流の場として活用したほうが得策ではないかという意見もあり、境界問題が解決する見通しはいまのところたっていない。

残りのひとつは、葛飾区と埼玉県三郷《みさと》市との間にある。都内最大規模を誇る水元公園に隣接する小合溜《こあいだめ》が、県境の未定地になっているのだ。水元公園は明治百年事業の一環として整

V－5❷. 旧江戸川河口にある都県境未定地

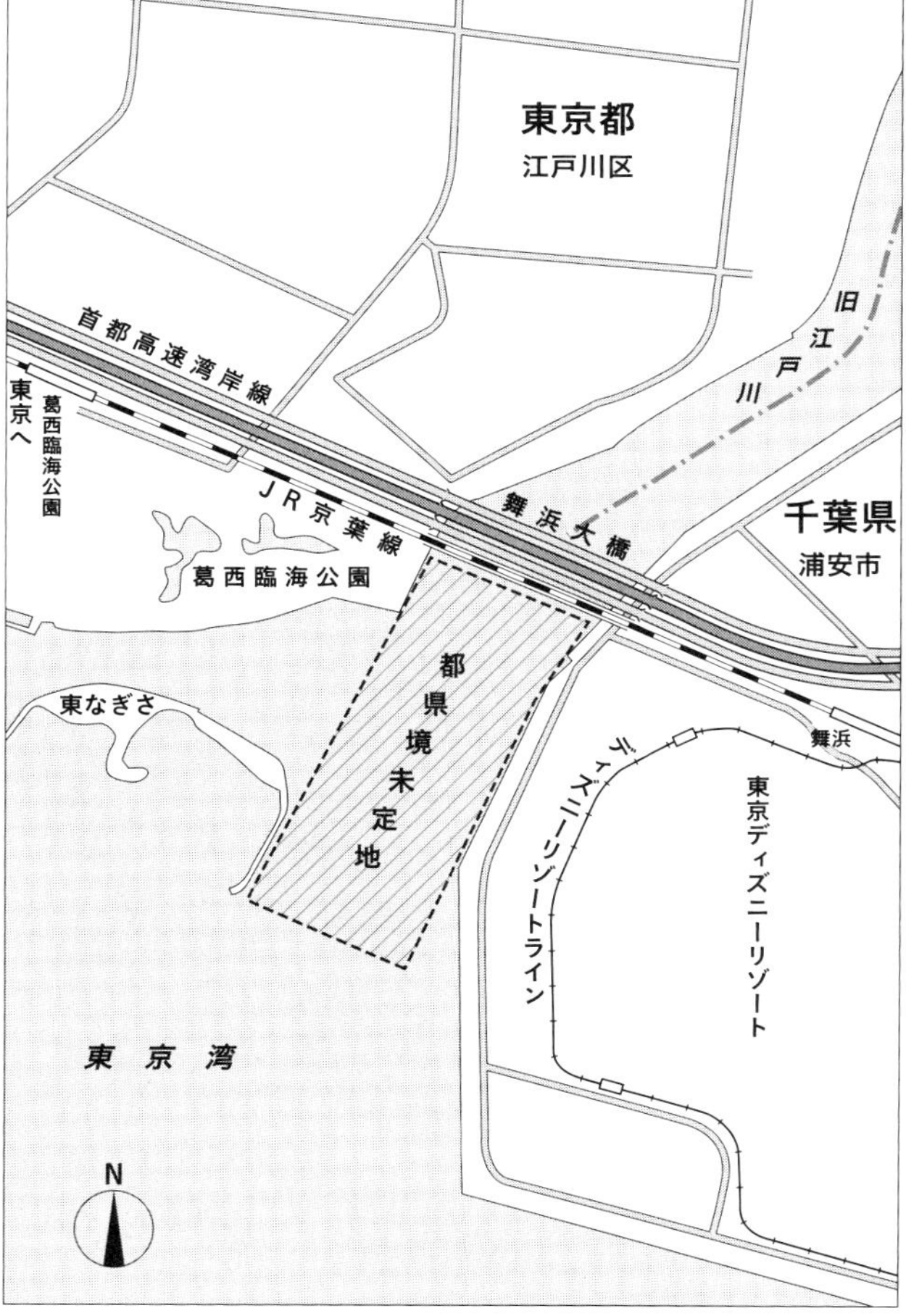

備された都立公園で、広大な森やポプラ並木、四季折々に咲き乱れる草花など見どころも多い都会の中の別天地。一九五〇（昭和二十五）年に都立公園に指定された当時は江戸川水郷公園という名前であった。その名称が表しているように、大都会東京にあるとは思えない水郷情緒にあふれた美しい公園である。その水郷風景を演出しているのが県境未定地になっている小合溜なのである。

小合溜の対岸は三郷市で、そこには水元公園ほど規模は大きくないものの、埼玉県立みさと公園という立派な公園がある。葛飾区と三郷市は、ともに小合溜を自らの公園の中に取り込みたいと考えているのだろう。表立った争いはないものの、水面下では小合溜の領有をめぐる綱引きが演じられている。

なぜ小合溜だけが境界未定地になっているのか。そもそも小合溜は、一七二九（享保十四）年、八代将軍吉宗の時代に、江戸を水害から守るための治水事業として、灌漑用水と遊水池を兼ね備えた溜池として造成されたものである。当時は水域の境界はどこもあいまいだった。小合溜も例外ではない。境界が正式に決まっていなくても、特に行政上支障がなかったため、あいまいなまま現在に至ったものと思われる。

しかし、溜め池に過ぎなかった小合溜が大きな資産価値を有するようになると、それを欲しくなるのが人情というもの。小合溜に面する葛飾区と三郷市が、小合溜の領有を主張する

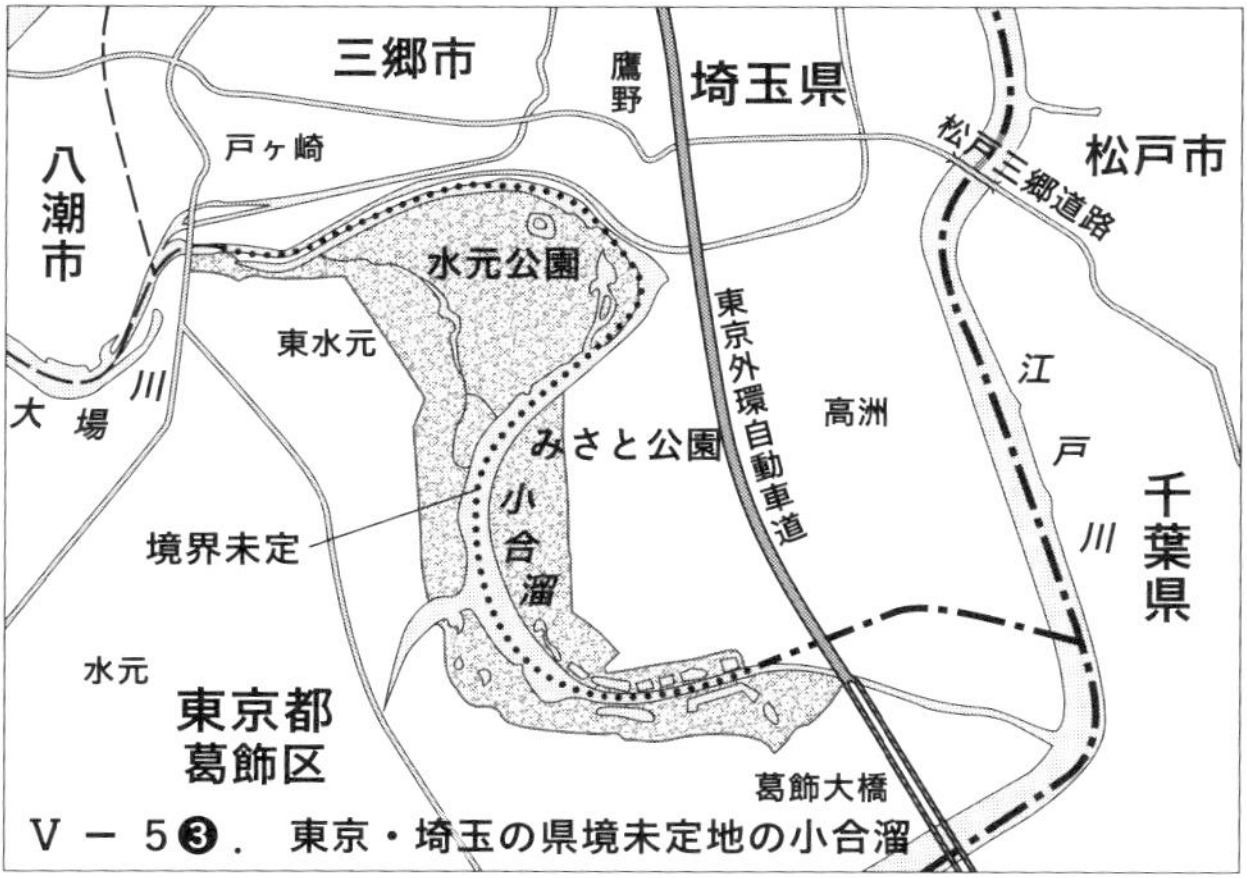

V－5❸．東京・埼玉の県境未定地の小合溜

ようになった。葛飾区にしてみれば、これまで小合溜を全面的に管理してきたという事情もあり、小合溜の全域、すなわち三郷市側の水際ギリギリのラインが県境であると主張している。一方の三郷市は、河川の流れの中心線を境界とするのが通例になっているので、小合溜もその真ん中が県境であると主張して一歩も引こうとしない。これまで葛飾区と三郷市との間でたびたび協議が重ねられてきたが、両者の主張は平行線をたどるばかりで一向に解決する気配はない。

どちらかが譲歩すれば境界争いも決着するのだろうが、利害が伴う問題だけに厄介である。境界未定地は五キロ近くにもおよぶが、この区間に橋はなく、両岸に立派な公園がありながら自由に往き来することもできない。

葛飾区と三郷市が友好関係を深め、両公園を一体化した整備を進めれば、もっと多くの都県民から親しまれるすばらしい公園になるに違いない。

臨海部が埋め立てられると、その帰属をめぐって争いが発生し、境界の未定地が生まれることもある。東京湾状に出現した中央防波堤の巨大な埋立地が、実は境界未定地なのである。名古屋港のポートアイランドもその境界はいまだに確定していない。境界未定地はこれからも発生する可能性がある。

6 瀬戸内海を越える県境がない橋

瀬戸内しまなみ海道の多々羅大橋には、なぜ県境がないのか

県境をまたいでいる橋は全国に数え切れないほどある。山間部では一般的に山の稜線、つまり分水界が県境になっているが、平野部では大きな河川が県境になっているケースが多いからだ。たとえば東京都と神奈川県の県境になっている多摩川には、六郷橋や多摩川大橋などいくつもの橋が架かっている。普通は川の流れの中心線が県境になっているから、その真上の地点が橋上における県境だということになる。

島が多いわが国には海上橋も多い。だが、県境をまたいでいる橋は意外に少ないものだ。関門海峡に架かる関門橋、鳴門海峡のうず潮を眼下に見下ろす大鳴門橋、岡山県の児島半島と香川県の櫃石島《ひついしじま》をまたぐ下津井瀬戸大橋、広島県の尾道市と愛媛県の今治市を結ぶ瀬戸内しまなみ海道にある多々羅《たたら》大橋、それに広島県呉市と愛媛県今治市を結ぶ岡村大橋の五ヵ所だけである。東京湾を横断する東京湾アクアラインにも海上橋区間はあるが、トンネル区間で県境を越えるのでこれには該当しない。

ところで、これらの海上橋に県境は存在するのだろうか。本来なら橋上のどこかに県境を示す標識があってしかるべきだろう。しかし、どの海上橋にもその標識はなく、橋を渡り切ったところに県名を表示する看板が立っている。したがって、どこが正確な県境なのかよくわからない。スピードの速い自動車や列車が走る橋ならまだしも、自転車や歩行者が通行する橋には、県境を示す標識を設置してほしいものだ。そうでないと県境を越えたという実感がない。特に遠くからペダルを漕いで走ってきた自転車旅行者にとって、県境を越えるときの、体中から湧き上がってくる高揚感は格別なものである。

県境をまたぐ海上橋で、自転車や歩行者が通行できるのは瀬戸内しまなみ海道（西瀬戸自動車道）の多々羅大橋と岡村大橋だけである。多々羅大橋は瀬戸内海に浮かぶ生口《いくち》島（広島）と、大三島（愛媛）を結ぶ世界最長（一四八〇メートル）の斜張橋で、フランスにある斜張橋のノルマンディー橋と姉妹縁組をしている。遠方から自転車で訪れる人も多いので、地元のサイクリングクラブなどから、橋の上に県境を示す標識を設置して欲しいという要望もあるほどだ。

では、なぜ橋上に県境が記されていないのか。海面には正式な県境がないというのが理由らしい。広島と愛媛の両県知事が交わした瀬戸内しまなみ海道の境界を決める確認書には、「多々羅大橋の中間点を両県の境界とする」と記されているが、これはあくまでも道路管理

V－6. 広島県と愛媛県を結ぶ多々羅大橋

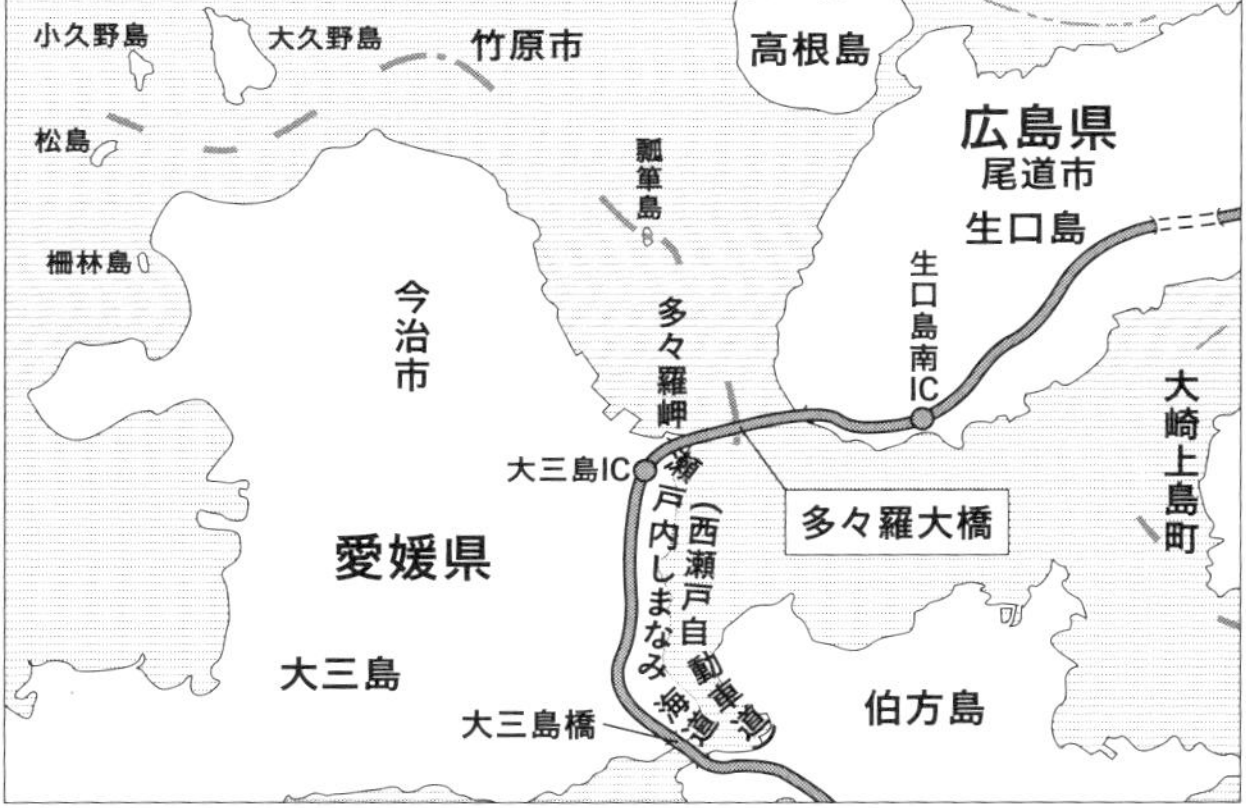

上の境界であって、地方自治法に基づいた正式な県境ではないのだという。つまり、県をまたいで架けられた橋の上は県境未定地だということだ。

下津井瀬戸大橋や大鳴門橋などにも同じことがいえる。海面が未定地なのに橋の上だけに境界を定めるというのは、たしかにおかしい。海面に正式な県境が設定されていないのは、漁場をめぐる紛争が発生する恐れがあることへの配慮なのだろう。県境未定地の多々羅大橋の上から北を望むと、瓢箪《ひょうたん》島という小さな島が浮かんでいるが、この小さな島に広島と愛媛の正式な県境が走っている。

●県境未定の海上橋は増えるのか？

わが国の長大橋の建設技術は世界のトップ

レベルにある。瀬戸内海に架かる本四連絡橋の、三本の長大橋の完成がそれを実証している。日本の長大橋の建設はこれだけにとどまらないはずだった。ところが、国家の巨大プロジェクトであった本四連絡橋の建設に莫大な借金を抱え、さらに、それが民営化された際にも多額の税金が投入されている。それなのに利用状況は決してよくない。本州と四国を結ぶ橋が果たして三本も必要だったのか、という疑問の声も上がっている。東京湾アクアラインにしても、当初見込んでいた利用者数を大きく割り込んでおり、経営赤字に苦しんでいる。それにも懲りずに、国はこれからも長大橋を建設していく計画であった。

国土形成計画の中に、六ヵ所の「海峡横断プロジェクト」というものがある。東京湾口道路（神奈川県三浦半島─千葉県富津市・約十七キロ）、伊勢湾口道路（愛知県渥美半島─三重県志摩半島・約二十キロ）、紀淡連絡道路（和歌山市─兵庫県淡路島・約十一キロ）、関門海峡道路（山口県下関市─北九州市・約二キロ）、豊後伊予連絡道路（愛媛県佐田岬半島─大分県佐賀関半島・約十四キロ）、島原天草長島連絡道路（長崎県島原半島─熊本県天草下島・約五キロ、天草下島─鹿児島県長島・約二キロ）の六ヵ所の海峡および湾口を結ぶ長大橋の建設計画をいう。これまでに、道路特定財源から六十八億円にも上る調査費が投入されている。

しかし、国の財政が危機的状況にあるなか、これ以上の無謀な計画は続けるべきではないという国民の批判を浴びたこともあり、冬柴国土交通大臣（当時）は二〇〇八年三月、海峡横断プロジェクトの調査を請け負っていた国土交通省の役人の天下り先である財団法人「海洋架橋・橋梁調査会」を二〇〇九年度中に解散し、〇八年度から調査費を支出しないと明言。これによって、長大橋の建設計画は棚上げされた。

これまで、豊富な道路特定財源があったばかりに、無計画な道路建設に貴重な税金が湯水のごとく使われ、国の財政をより悪化させてきたきらいがある。北海道には一日の通行量が千台にも満たないという高速道路もある。

地図を見ると、海の上にも県境が引かれているところがあることに気付くだろう。海峡横断プロジェクトの六ヵ所の長大橋が誕生すれば、橋の上に県境ができるのだろうか。実際には、たとえ長大橋が建設されたとしても、これらの橋の上に県境は存在しない。地図上にある県境は、国土地理院および地図製作会社が任意に引いたラインであり、行政上の正式な県境ではないからだ。ただし、橋上で交通事故や火災、犯罪などが発生することも考えられるので、橋上の管轄区域を定めた任意の境界は決めておかなければならない。

当面の間は、「海洋架橋・橋梁調査会」の解散で県境未定の橋が生まれる可能性はなくなったといえる。

7 市町村の帰属が決まっていない島

住所がない「南方四島」は東京都の直轄地

「北方四島」といえばロシアに占領されている北方領土のことだが、では「南方四島」とはどこのことか。もっとも、南方四島と呼ばれている島があるわけではないが、伊豆諸島の南方、小笠原諸島とのあいだの太平洋上に四つの島が南北に連なっている。ベヨネース列岩《れつがん》(〇・〇一平方キロ)、須美寿《すみす》島(〇・〇二平方キロ)、鳥島《とりしま》(四・七九平方キロ)、孀婦岩《そうふがん》(〇・〇一平方キロ)の四つの無人島で、鳥島を除けば、岩礁といったほうがよいほどの小さな島だ。

実は、これら四島がどの市町村に帰属するのかが、いまだに決まっていないのである。

一八七八(明治十一)年に伊豆諸島が静岡県から移管されて以来、東京都の管轄であることは間違いないのだが、伊豆諸島が次々と町村制を施行していくなかで、四島は無人島だったということもあって、どの市町村にも属さないまま現在に至っているのである。

四島中最大の鳥島はいまでこそ無人島だが、一八八八(明治二十一)年、アホウドリ(一九六〇年に国際保護鳥、六二年に国の天然記念物に指定)を捕獲するため、八丈島から多くの人が移住したという歴史がある。しかし、一九〇五（明治三十八）年の噴火で島民百二十五人全員が死亡し、無人島と化した。一九二七（昭和二）年になって、今度はサンゴ漁のため三十一人が再び鳥島に移住するが、やはり噴火のため全員が避難し、それ以来無人島になっている。

このように、最初に移住したのが八丈島の住民だから、鳥島など四島は八丈町に所有権があるとして、一九八一（昭和五十六）年、八丈町は四島の編入要望書を東京都知事に提出した。四島の周辺海域は好漁場である。八丈町では漁業不振に陥っていたため、八丈島の再生

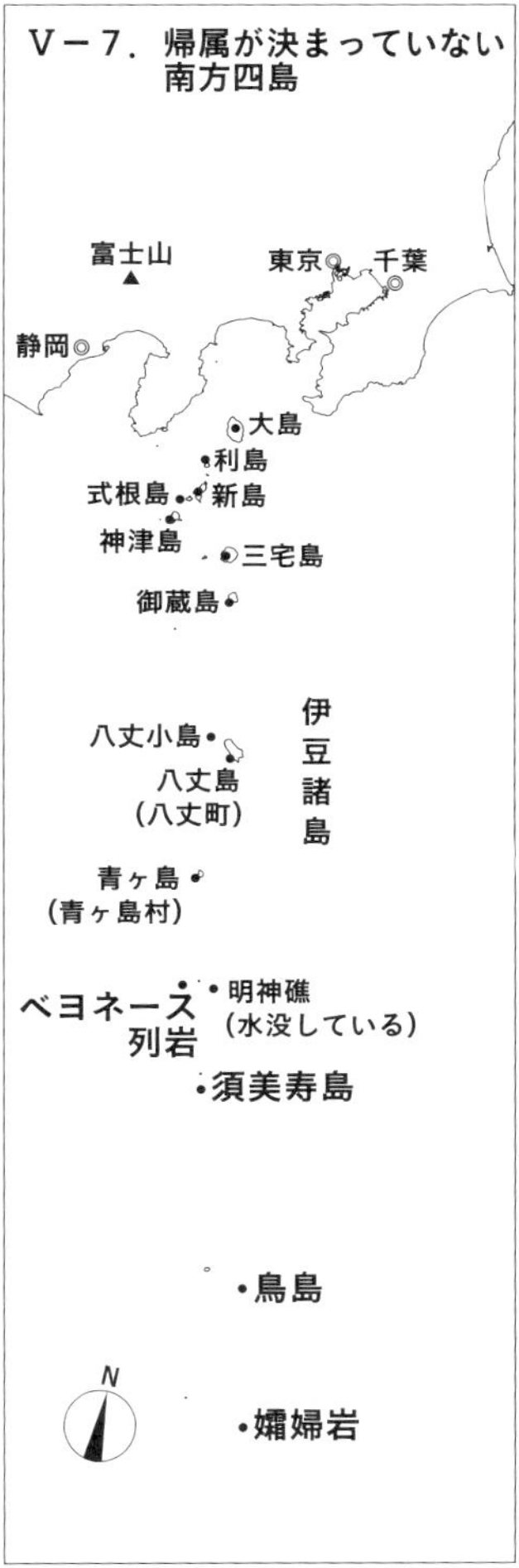

を図るべく、鳥島に漁業基地を建設しようとする狙いがあったのである。だが、四島に最も近いのは青ヶ島だとして、青ヶ島村も所有権を主張している。しかし、紛争にまで発展させたくないというのが、両町村の本音である。

　そこで東京都では、四島の帰属を決めるための法的手続きを始めたが、地方自治法の改正で帰属未定地を編入する手続きの規定が定められていないため、自治省（現・総務省）も対応に苦慮している。このような事情により、南方四島は帰属未定地として、東京都の直轄地になっている。つまり、四島には市区町村の住所がないのである。無人島なので特に支障はないのだが、早く帰属を決めたいというのが八丈町、青ヶ島村および東京都の共通した願いだろう。

8 県境未定地ならぬ「国境未定地」

国際問題に発展している北方領土、竹島、尖閣諸島

わが国には県境どころか、国境が確定していないところさえある。旧国の境界ではなく、外国との国境である。国境が確定していないというと語弊があるかもしれないが、日本の領土でありながら、外国とのあいだで領有権をめぐる紛争が続いているのだ。新聞やテレビなどでしばしば報道されているので国民の多くが知っている問題だが、北方領土と竹島《たけしま》、尖閣《せんかく》諸島の三ヵ所が、強いていえば「国境未定地」だということになる。もちろん、わが国固有の領土であることを否定するつもりはなく、ここでは実効的な支配が難しい、あるいは外国が領有権を主張しているという現状を指している。

北方領土は択捉島《えとろふとう》、国後島《くなしりとう》、色丹島《しこたんとう》、歯舞諸島《はぼまいしょとう》からなり、総面積は四千九百九十六平方キロ。福岡県や和歌山県よりも広い。これだけの地域がいまだロシアに占領されたままになっているのだ。そもそも、北方領土問題は第二次世界大戦後、日本と連合軍四十八ヵ国とのあいだで締結されたサンフランシスコ講和条約（対日講和条約）における、日本の領土処分を

めぐる解釈の相違から発生したものである。

日本は南樺太などとともに、千島列島を放棄したことは紛れもない事実だ。しかし、国後や択捉などは日本固有の領土であって、放棄した千島列島には含まないとする日本側と、北方領土はあくまでも千島列島の一部で、日本が放棄した千島列島に含むとするロシア側の言い分が食い違っていることから、国際紛争にまで発展しているのである。条約締結の際に、日本固有の領土であることを再確認しておけば、このような問題にはならなかっただろう。

竹島はその帰属をめぐって、韓国とのあいだで争われている。竹島は山陰の隠岐から北西百五十七キロメートルの日本海上に浮かぶ、面積わずか〇・二三平方キロ（東京ディズニーランドの四分の一）の無人島で、日本本土と韓国のほぼ中間に位置している。樹木も茂らないような岩礁地帯で、島自体にはなんの資産価値もない。しかし、周辺の海域は対馬海流とリマン海流が出合う好漁場で、二百カイリ漁業水域の問題も絡んでいるだけに、無人の岩礁といえども非常に価値がある島なのである。

竹島は江戸時代には「松島」の名で知られており、一九〇五（明治三十八）年の閣議では日本の領土であることが再確認されている。ところが一九五二（昭和二十七）年になって韓国の李承晩《イスンマン》大統領が、一方的に自国の領海であることを宣言（李承晩ライン宣言）したことから、領有権をめぐる紛争が発生した。韓国は竹島に灯台や見張り台などを建て、あたかも

Ｖ－８．北方領土・竹島・尖閣諸島

自国の領土であるがごときに警備員も常駐させており、隠岐の漁民が安心して操業できない険悪な状況にある。日本が強硬な態度をとれば、一触即発の事態になりかねず、日韓の友好関係にも大きなひびが入る恐れがあるだけに、厄介な問題になっている。

尖閣諸島は沖縄本島の西方約四百キロメートルの東シナ海上に浮かぶ無人島群で、総面積は五・五平方キロ。最大の魚釣島でも三・八平方キロという小さな島である。周辺の海域は古くから好漁場として知られ、漁期には島に移住して漁業に従事する者もいた。それでも中国とのあいだで、特にトラブルが発生するようなことはなかった。ところが、近年になって尖閣諸島周辺の大陸棚に、石油など豊富な海底資源が埋蔵されていることが確認され、俄然中国も領有権を主張するようになったのである。台湾もこれに便乗して領有権を主張している。

もし、そこに捨ててあるものが単なるゴミであれば、誰も拾おうとしないだろう。しかし、そのゴミが金目のものであるとわかると、たちまち奪い合いになる。尖閣諸島や竹島の場合がまさにそれである。単なる岩礁ではなく、宝の島になりうるだけに領有権をめぐる争いは国際問題にまで発展しているのである。ここに挙げた三ヵ所とも、大きな利害を伴っているだけに容易に解決できる問題ではないだろう。

おわりに

　ここで紹介した「県境の謎」はごく一部に過ぎない。一般的に平野部では大きな河川が県境になっていることが多いが、山間地域では山の稜線、すなわち降った雨がどちら側に流れていくのか、その境目である分水界が県境になっているのが普通である。しかし地図を見ていると、県境が不自然な曲がり方をしている箇所を発見することが少なくない。もし、そのような県境を見つけたら、そこに何か隠された「謎」があるに違いない、と疑ってみることだ。

　私が県境に興味を持つきっかけになったのも、この不自然に曲がった県境の存在も大きい。そのひとつに秋田と山形の県境がある。両県の県境には東北屈指の名峰として知られる鳥海山がそびえている。山間地では分水界が県境になっているという原則に従えば、県境は鳥海山の山頂を通っていなければならないはずだ。ところが、鳥海山の山頂は山形県側にある。秋田と山形の県境が鳥海山の山頂を避けるかのように、山の中腹を秋田県側に大きく回り込んでいるのだ。どうみても不自然である。

　これには何か訳がありそうだと疑問を持ち、資料をあれこれ調べてみた。やはり、そこには血なまぐさい争いの跡が隠されていたのである。県境には日本の歴史が眠っていることが少なくないのだ。県境は行政区分上の単なる境界線に過ぎないと片付けてしまうのではなく、その境界線には非常に大きな意味が秘められていることをぜひ分かっていただきたい。1本の線をたどっていくと思わぬ発見をするかもしれない。それが「県境」の面白さでもある。本書がそのヒントになれば幸いである。

本書を刊行するにあたって、実業之日本社の磯部祥行氏にはいろいろご協力をいただいた。厚くお礼を申し上げます。

浅井　建爾

参考文献

『世界大百科事典』（平凡社）
『日本地名大百科』（小学館）
『ブリタニカ国際百科事典』（ブリタニカジャパン）
『マイペディア百科事典』（平凡社）
『コンサイス日本地名事典』（三省堂）
『角川日本史辞典』（角川書店）
『全国市町村要覧』（第一法規出版）
『データでみる県勢』（矢野恒太記念会）
『日本地図』（帝国書院）
鈴木理生『東京の地理がわかる事典』（日本実業出版社）
各市町村郷土資料
『データで見る県勢』（矢野恒太郎記念会）
鈴木理生『東京の地理がわかる事典』（日本実業出版社）

著　者
浅井建爾（あさい　けんじ）

地理・地図研究家、日本地図学会会員。青年時代に自転車で日本一周旅行をしてから、地図や地名に深い関心を持ち、地理をテーマにした執筆活動を始める。著書にベストセラーとなった『日本全国「県境」の謎』、『何でも日本一100』、『京都謎解き街歩き』（いずれも実業之日本社）、『日本全国因縁のライバル対決44』（主婦の友社）、『やりなおし！地理の教科書』ビジネス社）、『50歳からの「青春18きっぷ」の旅』（成美堂出版）ほか多数。

カバーフォーマットデザイン　志村謙（Banana Grove Studio）

本文デザイン　BGS制作部（Banana Grove Studio）

図版　千秋社

本書は、じっぴコンパクト新書『知らなかった！驚いた！日本全国「県境」の謎』（2007年9月／小社刊）に加筆・修正の上、文庫化したものです。加筆にあたっては、じっぴコンパクト新書『なんだこりゃ?! まだまだあるぞ「県境」&「境界線の謎」』（2009年9月／小社刊）より関連項目を転載しています。

奇妙《きみょう》な県境《けんきょう》　62の不思議《ふしぎ》

2015年7月21日　初版第1刷発行

著者……………………浅井建爾
発行者………………増田義和
発行所………………実業之日本社
〒104-8233　東京都中央区京橋3-7-5 京橋スクエア
電話（編集）03-3562-4041
（販売）03-3535-4441
http://www.j-n.co.jp/
印刷所………………大日本印刷
製本所………………大日本印刷

ISBN978-4-408-45650-8（学芸）